戀戀山城

永遠的普羅旺斯

Toujours Provence

【三十週年全新中譯本】

彼得・梅爾（Peter Mayle） 著
陳思華 譯

本書一如既往獻給珍妮（Jennie），

以及蒐集資料期間，多方幫助我的朋友和合作夥伴：來自教皇新堡的米榭（Michel）、卡布里埃的米榭（Michel）、亨麗埃特（Henriette）、福斯坦（Faustin）、松露獵人亞蘭（Alain）、克里斯多福（Christopher）、凱薩琳（Catherine）和伯納德（Bernard）。感激不盡。

contents

1 看病記

那天，我到阿普特（Apt）一家藥房買牙膏和防曬油這兩樣簡單又有益健康的商品。等我回到家，把東西從袋子裡拿出來後，發現幫我結帳的女店員附送了一個很有教育意義卻讓我困惑的贈品。她給了我一張印刷精美的全彩傳單。正面是一隻蝸牛坐在馬桶上的插圖，表情憂鬱，彷彿在廁所蹲了半天，什麼也上不出來。牠觸角下垂，眼神黯淡無光。在這張悲哀的圖片上方印著「便祕」兩個字。

我到底做了什麼，讓她想把這個塞給我？難道我看起來像有便祕的樣子嗎？還是買牙膏和防曬油這件事在這位專業的藥劑師眼中多少有些不尋常，暗示我有消化不良的問題？也許這位小姐知道一些我不知道的事情，我開始看傳單。

傳單上寫著：「便祕是很常見的毛病，而且會反覆發作。」據作者表示，在法國，約有百分之二十的人有腹脹氣和腹部不適的問題。不過，對於一個像我這麼不善觀察的人而言，實在看不出那些走在路上，坐在酒吧、咖啡館甚至餐廳裡的人有什麼異樣——儘管有兩成的人飽受腹脹之苦，還是會每天去餐廳盡情享用兩頓大餐，如此逆境當前，這是何等堅強的毅力啊！

我一直以為普羅旺斯算是全世界最健康的地方之一。空氣清新、氣候乾燥、盛產大量新鮮蔬果、用橄欖油做菜、在這裡生活似乎毫無壓力可言——世上再也找不到如此得天獨厚的地方了。每個人看起來都神采奕奕，但如果在氣色紅潤和食慾旺盛背後，有百分之二十的人在掩飾腸胃不適引起的病痛，那他們可能還掩飾了什麼其他疾病？於是，我決定特別注意普羅旺斯人都在抱怨什麼、看什麼病，慢慢發現這裡確實存在著一種毛病，甚至已經擴散到全國了，那就是——疑病症。

法國人從來不會覺得身體不舒服，他們只會擔心身體陷入「危機」。其中最普遍的就是「肝臟危機」。想想他們平日灌下的茴香酒，想想晚餐連吃五道菜，還有從車展開幕到村裡的政黨年會等活動都不可或缺的白蘭地和招待酒會——肝臟終於提出抗議。當然最簡單的方法就是不再喝酒，改喝大量礦泉水，但最讓人安心的做法是去藥房走一趟，讓櫃檯後方那位同情心氾濫的白袍女士診斷一番，當作是自己生病了，而不是自我放縱所致。

以前我老想不通為什麼大部分藥房要把椅子放在掛疝氣帶和橘皮治療器材的架子旁，現在總算懂了。如此一來，客人就可以舒舒服服地坐著等某某先生一邊按摩腫脹的喉嚨、嬌嫩的腎臟、堵塞的腸道以及身體其他不適的部位，一邊低聲地詳細解釋他是如何落到如此苦不堪言的地步。訓練有素的藥劑師會耐心地聽他訴苦，問幾個問題，提出幾個可行的治療方案，接著把幾個藥袋和瓶瓶罐罐放到桌上，再深入討論一會兒，最終敲板定案。那位先生會小心翼翼地把攸關生死的處方箋摺起來，憑著處方箋，他才能去社會安全局申請退還大部分藥費。這時候，時間已經過去十五到二十分鐘，後面的人又往前挪了一個位子。

事實上，只有症狀不嚴重的人會自己去藥房看病。對於身患重病或老覺得這裡痛那裡痛的人，即使在我們這種相對偏遠的鄉村都有急救專家網路，令城裡人大開眼界，因為在城裡只有有錢人才能連生病都這麼舒服。所有城鎮及大部分鄉村都有自己的緊急醫療服務，二十四小時隨時待命。專業的護理人員會到家裡來，醫生也會到府看診。我聽說這種服務在倫敦幾乎已經絕跡。

去年夏初，我們曾小小地體驗了一下法國的醫療系統，讓我印象深刻。白老鼠是一個來自美國的小伙子班森，他第一次到歐洲觀光。當我去亞維儂中央車站接他時，他啞著嗓子跟我打招呼，用手帕摀著嘴，一直咳個不停。我問他怎麼了。

他手指著喉嚨，發出粗重的喘氣聲。

「Mono。」他說。

Mono？我不懂他的意思。我知道美國人確實在疾病這方面比我們還吹毛求疵——比如瘀青叫做血腫，頭痛要說偏頭痛，還有什麼鼻後滴流症候群。所以我隨口說了多呼吸新鮮空氣，很快就會治好，便扶他上車。回家途中，我才弄清楚原來「mono」是單核白血球增多症（mononucleosis）的簡稱，是一種病毒感染，會導致喉嚨痛。「我的喉嚨就像吞了玻璃渣一樣痛。」班森說，半張臉被墨鏡遮住，手帕掩住口鼻。「等一下一定要打給我在布魯克林的哥哥，他是醫生。」

我們回到家後，卻發現電話壞了。今天是週末長假的第一天，所以接下來三天都不能用電話，這通常是一件好事，但現在又不能不打電話。班森說有一種最新研製出的特殊抗生素可以治療目前所有已知類型的單核白血球增多症。我來到博梅特的公共電話亭，在布魯克林醫院接到電話，試圖找到班森的哥哥時，我在這一頭不停餵五法郎硬幣給公共電話。最後，班森的哥哥終於告訴我那種特效藥的名字。我打給一個醫生，問他能不能來家裡看診。

不到一小時，醫生就來了。班森仍戴著墨鏡在漆黑的房間裡休息。醫生開始檢查病人。

「先生……」醫生剛開口，班森就打斷了他。

「Mono。」他說，指著他的喉嚨。

「什麼？」

「Mono，單核白血球增多症。」

「噢，單核白血球增多症。有可能。」

醫生看了看班森紅腫的喉嚨，拿出一根棉花棒，看樣子是想採樣本拿回去做病毒測試。「現在，可以請這位先生拉低褲頭嗎？」班森邊慢慢地把身上那件CK牛仔褲拉下來，露出一半屁股，邊懷疑地回頭，越過肩膀看著醫生拿出一個針頭。

「幫我跟他說我對大部分抗生素過敏，他應該打給我在布魯克林的哥哥。」

「什麼？」

我解釋了目前情況。醫生的醫藥箱裡會不會碰巧有這種特效藥呢？沒有。我們對著班森赤裸的屁股面面相覷，伴隨著他痛苦的咳嗽，屁股肉一顫一顫地抖動。醫生說必須幫他打針消炎，這種針劑極少產生副作用。我把這些都跟班森說了。

「那……好吧。」他趴下來，醫生像鬥牛士般揮舞著手臂，大動作地把針插進去。「好了！」

班森在一旁等待過敏反應讓他暈倒時，醫生表示他會安排一位護理師每天來家裡為他打兩次針，檢測報告會在星期六出爐，只要一有結果，馬上就會開出處方。他隨即祝我們有個美好的夜晚。班森用手帕摀著嘴做回應，我想這個夜晚是不太可能美好了。

護理師來了又走，化驗結果出來了，醫生在星期六傍晚如約而至。這位小伙子說得沒錯，確實是單核白血球增多症，但我們可以用法國藥治好這個病。醫生開始像熱情洋溢的詩人揮毫一般，洋洋灑灑寫了一堆處方，似乎把每一個資源都用上了。他把一堆鬼畫符遞過來，並祝我們週末愉快，那同樣不太可能。

連假週末，要在法國鄉村找到一家有開門的藥房沒那麼容易。方圓幾公里唯一有開的是位於卡瓦永（Cavaillon）郊區的二十四小時營業藥房。我在八點三十分抵達那家店，碰見一個跟我一樣手中拿著厚厚一疊處方箋的男人，我們一起看著貼在玻璃門上的告示，上面寫著：十點開始營業。

男人嘆了口氣，上下打量我。

「你是急診嗎？」

不是，我是來幫朋友拿藥。

他點點頭。他本人肩膀有很嚴重的關節炎，腳部還有惡性的黴菌感染，不打算在大太陽底下等一個半小時。他在店門旁的人行道上坐下來，開始研究起那一大疊處方箋的第一張。我決定先去吃早餐。

「記得十點之前回來。」他說：「今天會有很多人。」

他怎麼知道？難道星期天上午上藥房是法國人午餐前的習慣嗎？我向他道謝，但決定不管他的建議，在一家咖啡館看一份過期的《普羅旺斯報》打發時間。

我趕在十點前回到藥房的時候，彷彿卡瓦永全體居民都聚集在店外面了。

一堆人拿著一疊處方箋，互相交流病情，那樣子就像釣客使勁炫耀得了大獎的魚。這邊患有咽喉炎的先生吹噓他喉嚨痛，那邊得了靜脈屈張的女士則反過來細說自己的靜脈是怎麼腫脹屈張的。瘸腿的和一身殘病的兩人開心地聊著天，一會兒看看時間，然後越來越靠近那扇仍然緊鎖的藥房大門。終於，在一片「終於開了」和「她來了」的嘀咕聲中，一位小姐從藥房後面走出來打開門，然後聰明地閃到一邊，讓蜂擁而上的人們能順利進門。我不只一次意識到，英國習俗中的排隊禮儀在法國是行不通的。

我足足等了半個小時，才趁著混亂的空檔，把我的處方交給那位藥劑師。她拿出一個塑膠袋，開始用一個個盒子和瓶子把它裝滿，一邊忙著拿藥，一邊在每張處方箋上蓋章，自己留一份副本，一份給我。當袋子都快被撐爆時，還剩一張單子。藥劑師離開五分鐘後再度出現，說處方上的藥缺貨，要我去別家藥房找找看。然而，這也不算太糟，畢竟重要的藥都已經在袋子裡了。在我看來，這些藥已足夠讓一整支軍團起死回生。

班森遵照醫囑服藥，到了隔天早上，他似乎已經從死亡的陰影中脫身，感覺身體好多了，恢復到可以跟我們一起去梅內爾布的藥房找缺貨的那種藥了。

我們到那裡的時候，一位老先生正坐在凳子上，等藥劑師往他的購物袋裡裝滿靈丹妙方。也許他對外國人會得什麼病很感興趣，在藥劑師為我們配藥時，一直坐在位子上，等我們的藥都裝好、放到櫃檯上後，便一直湊過來看。

藥劑師打開袋子，拿出一個裝著藥錠的鋁箔片，相當於厚一點的阿斯匹靈藥錠。接著把鋁箔片遞給班森。

「一天兩次。」她說。

班森搖搖頭，把手放在他的喉嚨上。

「太大顆了。」他說：「我吞不下去。」

我們把他的話翻譯給藥劑師聽，她還來不及回答，那個老先生便放聲大笑，在凳子上危險地前仰後合，用布滿皺紋的手背擦眼睛。

藥劑師也笑了，拿著鋁箔包裝的塊狀物做出輕輕向上推的動作。「這是栓劑。」

班森一臉茫然，老先生依然大笑不止。他從凳子上跳下來，把栓劑從藥劑師手上拿了過來。

「看這裡，」他對班森說：「要這樣用。」

他離開櫃檯旁，騰出一個空間，彎下腰，把栓劑舉過頭，手臂猛地向後伸，把栓劑緊緊地塞進褲子後襠臀部的位置。「塞！」老人說，抬頭看向班森。「明白了嗎？」

「塞進屁股裡？」班森再次搖搖頭。「那很怪耶，天哪。」他戴上墨鏡，後退了幾步。「我們那裡不用這個。」

我們試著向他解釋，栓劑能有效讓藥物進入血液中，但他不信。後來我們說用栓劑他的喉嚨就不會痛時，他也不覺得好笑。我常常會想，回到布魯克林後，不知道他會跟他哥哥說什麼。

不久後，我在樹林裡碰到我的鄰居馬索，與他分享栓劑的故事。他覺得很荒謬，但如果要說真正戲劇化的故事，栓劑跟這可完全沒得比——有個男人去醫院切除闌尾，醒來後卻發現左腿被截肢了。最好是啦。

我說那故事是假的，但馬索堅稱那是真實發生過的事。

「假如我生病了，」他說：「我寧可去看獸醫。至少獸醫會把一切交代清楚，我不相信醫生。」

幸好，馬索對法國醫療業的看法並不足以反映現實情況。在普羅旺斯，也許有些醫生對截肢有特殊愛好，但目前我們還沒遇過。事實上，除了這次「單核白血球增多症」事件外，我們只看過一次醫生，說到那次遭遇，還得批評一下官僚體制。

為了拿到我們的居留證——發給旅法的外國居民的身分證，我們跑公文前前後後跑了好幾個月。我們跑遍了市政廳、省政府、稅務局，然後又回到市政廳。我們每到一個地方，都被告知需要另外填寫表格，當然啦，這些表格只能去別的政府部門索取。最後，我們終於確定已經辦好一整套證書、證明、申報書、照片和重要資料，我們高高興興地去到市政廳，覺得總算要邁向最後一關了。

我們的檔案經過仔細審查，一切似乎都很順利。我們既沒有犯罪紀錄，也不打算搶法國人的飯碗，應該不會成為這個國家的累贅。好啦，文件檢查完畢，我們終於要正式移居法國了。

市政廳的祕書客氣地笑了笑，又遞給我們兩份表格。她說，你們還得做體檢來證明身心靈健康。博尼約（Bonnieux）的芬乃倫醫生會很樂意效勞。於是我們離開後，又直奔博尼約。

芬乃倫醫生風趣活潑，幫我們拍了X光片，然後做了個簡短的問卷調查。有沒有神經疾病？沒有。有沒有癲癇症？沒有。有毒癮嗎？沒有。有酗酒嗎？沒有？會不會容易暈厥？我倒希望問卷能提到排便習慣，以防我們增加法國的便祕人口，但移民局似乎不擔心這件事。我們在表格上簽名，芬乃倫醫生也簽了字。然後他打開抽屜，拿出另外兩張表格。

他很抱歉地說：「當然，你們沒有任何問題，但是……」他聳聳肩，表示在發給我們健康證明前，我們必須帶表格去卡瓦永做抽血檢查。

這是什麼特別的檢查嗎？

「噢，對。」他看起來更抱歉了。「梅毒。」

2 英國蝦

「寫作的生活豬狗不如，卻是唯一值得一過的人生。」這句話出自福樓拜之口，如果你平日都把時間拿來寫稿的話，這個說法還滿貼切的。

大多數時候，寫作都是一項孤單乏味的工作，偶爾才靈感爆發，寫出精彩絕倫的文字——應該說自認寫得不錯，因為也無法參考其他人的意見。你會度過一段漫長、沒有收入的時期，考慮該不該找個有用的正職工作，例如特許會計師。還會常常懷疑自己寫的東西有沒有人想看，擔心超過自己定下的截稿期限，然後沮喪地發現根本沒人在乎你什麼時候交稿。不論是一天一千字，或是完全沒動筆，對其他人來說並無區別。作家這部分的生活確實悲慘無疑。

但是，當你驚喜地發現，自己的心血能為素昧平生的人帶來幾個小時的消遣娛樂後，作家這種生活的價值就體現出來了。如果有讀者寫信來分享他們的心情，收到信件就宛如獲得掌聲，所有辛苦頓時有了回報。你會拋棄成為會計師的念頭，開始構思下一本書。

我在四月《山居歲月》剛出版不久時，收到第一封信。這封信來自盧森堡，語氣恭維有禮，充滿溢美之詞，讓我整日捨不得放手。隔週，一位男士來信詢問怎麼在紐西蘭種植松露，然後信件開始如雪片般紛至沓來——從倫敦、北京、昆士蘭，到英國苦艾林皇家監獄、蔚藍海岸的外籍社區、威爾特的荒郊野外和薩里郡的山上，有永不褪色的高等藍色浮雕印花信紙、從練習簿撕下來的紙，還有一封信是寫在倫敦地鐵地圖的背面。地址常常寫得模糊不清，使郵局人員不得不進行小小的推理，看到「博尼約的英國人」這種簡單明瞭的住址就找得到我們，但其實我們不住在博尼約。還有一封寫著「普羅旺斯梅內爾伯市（Ménerbes），英國蝦（L'Ecrevisse Anglais）收。」的信。這是我最喜歡的地址。

讀者的來信都很友善，也很激勵人心，只要留有寄件地址，我都會回信，心想這樣就可以了，但事情往往沒有結束。不久，我們發現自己莫名其妙地成為普羅旺斯生活的顧問，從買房到找保母都有。一個住在曼非斯的女人打電話來詢問沃克呂茲（Vaucluse）被闖空門的機率有多高，來自艾塞克斯郡（Essex）的攝影師想知道能否在呂貝宏（Luberon）拍照維生，還有一對夫婦正考慮搬到普羅旺斯居住，寫了好幾頁的問題。小孩有辦法適應當地學校嗎？生活開銷有多高？這裡的醫生怎麼樣？要繳多少所得稅？生活會不會孤單？他們會開心嗎？我們盡量知無不答，但要干涉一個完全不認識的人的個人決定，還是讓人感到有些不安。

然後，隨著夏天來臨，一直透過信箱傳遞的東西開始直達家門口。信件變成了人。

天氣又乾又熱，我正提著鋤頭，在硬得像骨頭般的地面上進行普羅旺斯式除草工作時，一輛車開了進來，司機笑容可掬地拿著我的一本書朝我揮了揮。

「可找到你了！」他說：「在村裡稍微調查了一下，沒什麼難的。」

我簽了書，感覺自己真的成了作家。我妻子從卡瓦永回來，得知這件事後，覺得很感動。「那是你的書迷呀，」她說：「你應該拍照留念的，難得有人肯費這個心。」

但幾天後，她就沒那麼熱衷了。因為就在我們準備外出吃晚餐時，我們發現一個金髮美女在前院的柏樹後面鬼鬼祟祟。

「你是彼得・梅爾嗎？」金髮女子問道。

「對。」我妻子說：「可惜我們正要出門。」金髮女子可能早已習慣妻子們的這種反應，便離開了。

「她可能是我的書迷。」我對妻子說。

「她可以去別的地方當書迷，」她說：「你也可以不要再笑了。」

在七、八月這段期間，我們已經習慣一開門就看到不認識的臉孔。大部分都面露歉意，彬彬有禮，只是希望我幫他們簽書，感謝我們請他們喝酒，到院子裡坐坐避暑。好多人似乎都被那張好不容易搬來的石桌吸引得目不轉睛。

「噢，這就是書裡說的那張桌子啊。」他們會說，繞著桌子走一圈，手指滑過桌面，彷彿這張桌子是亨利．摩爾[1]的嘔心瀝血之作。看到我和妻子、家中的狗（牠們愛死這些客人了）以及我家房子如此受到矚目，感覺很奇怪。然而，當這樣的拜訪變得像入侵時，感覺就不再奇怪，而是令人惱火了。

一天下午，氣溫達到攝氏三十八度以上，一位鼻頭和膝蓋曬得通紅的先生

1 Henry Moore，英國雕塑家，以大型鑄銅雕塑和大理石雕塑聞名。

帶著他太太和太太的朋友，在我們沒注意的情況下，把車停在車道盡頭，逕自進到屋裡。我們家的狗睡著了，我也沒聽到他們的聲音。當我走進屋裡拿啤酒時，發現他們就在客廳裡，一邊聊天，一邊翻我的書和家具。我當場愣住，他們卻一副沒事的樣子。

「噢，是你呀。」那位先生說：「我們在《星期日泰晤士報》讀到你的文章，就決定來你家看看了。」

就這樣，不找藉口，沒有一絲尷尬，沒想過我可能並不想見到他們。他們甚至連書也沒買。他們解釋想等出平裝書再買，因為精裝太貴了。他們說話的樣子很隨便，彷彿這對我來說是種恩賜。

我很少當面對人發火，但這次不一樣，我請他們離開。

那位先生曬紅的臉頰變得更紅了，就像火雞得知自己聖誕節就要被宰了的惡耗似的，憤怒地蓬起羽毛。

「我們可是大老遠從聖雷米開車過來耶。」我請他再大老遠開回去，他們滿口牢騷地離開。你那本書我們才不會買咧，只是想翻看看，不知道的人還以為這裡是白金漢宮呢。我看著這群人氣憤難耐地僵著肩膀，沿著車道走向他們的富豪汽車，暗自考慮要養隻兇狠的羅威納犬。

從那以後，我只要看到有車減速，停在我家門前的車道上，心裡就警鈴大作。「別那麼緊張。」我妻子會說：「他們把車開過來了，不——他們在信箱前停下來了。」後來，有一天我下樓去收信時，發現信箱裡有一本用塑膠袋裹著的書，上面寫著「請簽名，簽完把書放在井口，用石頭壓住」。隔天書不見了，但願是被那個把書送來請我簽名，不願打擾我們的人拿走。

到了夏末，我們已然不是唯一受到公眾矚目的人。我們的鄰居福斯坦也曾被人索取簽名，他至今還搞不懂為什麼，他說他又不是作家。但當我告訴他，很多英國讀者都在書上讀到他的故事後，他摘掉帽子，撥了撥頭髮，然後說：

是這樣嗎？重複了兩次，聽起來頗為高興。

廚師莫里斯也幫人簽過名，他說之前他的餐廳從未有過那麼多英國客人。有人很驚訝真的有這個人，他們還以為是我捏造的。有些人則會帶著書去他的餐廳，照書裡寫的點一輪菜，一直到最後的渣釀白蘭地。

其次是水電名匠梅尼庫奇先生，他常常工作到一半跑到我家來，對政治、野蘑菇、氣候異常、法國橄欖球隊的前途、天才莫札特及關於衛浴設備這個行業任何令人振奮的發展發表高論。我送了他一本我的書，給他看他出場的地方，並告訴他來拜訪我的人中，有人想見他。

他理了下他的毛氈帽，拉直那件舊格紋襯衫的領子。「真的？」

對，我說，千真萬確。他的名字甚至出現在《星期日泰晤士報》上，或許我該為他辦一場簽名會。

「噢，彼得先生，你真愛說笑。」不過看得出來，他對這個主意並不反感。

他離開的時候，小心翼翼地捧著他的書，就好像捧著一個易碎昂貴的坐浴盆。

電話那頭遠遠傳來的聲音彷彿來自雪梨，歡快且帶點鼻音。

「日安，我是威利．史托勒，這裡是坎城的一家英語書店，我們有很多英國客人，你的書賣得很好，請問你有沒有意願在坎城影展期間抽空來一天，替你的書簽名呢？」

我一向懷疑電影圈對文學的品味。一位在好萊塢工作的老友坦言，他六年來只讀了一本書，而他還被認為是電影圈裡少有的知識分子。你提起韓波這個詩人，人家還以為你在說席維斯．史特龍呢[2]。我不指望我的書大賣，把手簽到抽筋，我倒覺得會很好玩。也許我能看到明星，或在十字大道看到上空秀，

2 席維斯．史特龍在電影《第一滴血》中飾演約翰．藍波，發音與韓波相似。

或是在卡爾登飯店的露臺上，欣賞在小鎮少見的景象——面帶微笑的服務生。於是，我表示我很樂意前往。

那天陽光普照，天氣炎熱，對書店來說不是好天氣。我和進城的車陣一起緩慢移動著。路燈上貼著顏色亮麗的新標誌，彰顯坎城和比利佛山結為姊妹市，可以想像市長們用無數的藉口相互拜訪，以增進兩市的友誼，並趁機用公費度假。

坎城所有的警力似乎都部署在影城會場外，配有手槍，拿著對講機，戴著墨鏡，一邊忙著製造更嚴重的交通堵塞，一邊確保克林．伊斯威特不會被人擄走。憑藉多年執勤下來的經驗，他們指揮著，讓車輛形成一個個打不開的結，然後對著車子猛吹哨子，將司機送進另一個死結中，猛踩煞車。我花了十分鐘，才前進五十公尺左右。好不容易抵達寬廣的地下停車場時，我看到早先經歷這場混亂的受害者在牆上寫下：「坎城是個觀光的好地方，但我不想在這裡待上一整天。」

我到十字大道上的咖啡館吃早餐，順便看看明星。旁邊的人也跟我抱著同樣的想法。我從沒看過這麼多陌生人彼此互相打量。女人們噘著嘴，一副無聊的模樣；男人則拿著當天上映的電影清單，在空白處做筆記。一、兩支無線電話隨意地擺在可頌麵包旁，人人都戴著塑膠識別證，手裡提著大會發的影展包，上面印著「法國電影／一九九〇年坎城影展」的字樣，看不到美國或英國電影的宣傳。不過我想這就是主辦方的優勢之一——有權決定袋子上要印什麼。

十字大道上海報成林，上面印著演員、導演、製片人，就我所知，還有髮型設計師的名字，就貼在大飯店的正對面，好讓海報的主角能在每天早上享受坎城的傳統早餐「做作與自負」前，從房間窗戶望見自己的名字。空氣中瀰漫著忙碌喧囂的氣氛，時刻有大筆買賣和鈔票交易出去，走在十字大道上的售票黃牛和雄偉飯店外的那名老乞丐形成強烈對比。他坐在人行道上，邊緣捲曲的破帽裡只有一枚孤零零的二十分硬幣。

我把這裡留給那些大人物，沿著狹窄的拿破崙路前往那家英語書店，準備體驗坐在書店櫥窗裡為人簽書的古怪經歷。以前我也參加過一、兩次簽書活動，人們隔著一段安全距離看著我，不敢貿然上前，讓我感到坐立難安。他們大概以為我會咬人，根本不知道此時若是有位勇士大膽靠近桌子，作家會有多放心。一個人坐了幾分鐘後，任何東西都能成為救命的稻草，從書籍、照片、過期的《尼斯晨報》到支票，我都會毫不猶豫地簽名。

幸好威利．史托勒和他的妻子已經預期到作家會有的恐懼，早就請他的朋友和顧客塞滿整間店。不曉得他們是用什麼條件把人從海灘拉到這裡來的，但我很感謝他們讓我一直有事做。我甚至在想，該帶梅尼庫奇先生一起來的。我發現居住在法國的英國人普遍對法國的排水系統感到好奇，為什麼是這樣運作？為什麼聞起來是這個味道？他的回答絕對比我內行多了。他們說，法國的尖端技術明明十分成熟，像是高鐵、數位電話系統和協和號客機等，他們的衛浴設備卻還停留在十八世紀。就在前幾天，一位老太太告訴我，有次她沖了馬桶，竟然沖出一塊什錦沙拉的殘渣。真是太糟糕了，這種事絕對不會發生在英國，哪怕是切爾滕納姆這樣的小鎮也一樣。

簽書會結束後，大夥兒一起去轉角那間酒吧慶功。美國和英國客人人數比本地人還多，不過坎城的本地人本來就少，聽說這裡就連很多警察都是科西嘉島出身的。

等我離開時，警察們仍在十字大道上值勤，操弄著交通，視線瞄著在街上閒逛、衣著暴露程度不等的女孩們。那名老乞丐仍待在飯店前的老地方，帽子裡依然只有一枚二十分硬幣。我丟了幾枚硬幣到他的帽子裡，他用英文祝我有個美好的一天，不知道他是不是為了有天可以迎接來自比利佛山的遊客而在練習英文。

3 男孩波伊

起初，我妻子看到牠的時候，正在前往梅內爾伯的路上。牠走在一個衣著整潔的男人身旁，骯髒的狗毛披在骨架上，簡直不成樣子。然而，儘管毛髮蓬亂糾結，整顆頭長滿毛刺，內行人還是一眼就看得出來，這隻狗是法國的一種特有品種，學名叫科薩斯格里芬犬。在那亂糟糟的外表下，骨子裡卻是一隻品種犬。

我們家就養了一隻格里芬犬，但這種狗在普羅旺斯極其少見，我妻子連忙停車跟狗主人搭訕。她說，真是太巧了，我家也養了一隻這種品種的狗。

男人低下頭，看了看在腳邊地上打滾的狗，不覺地往後退了一步，極力想跟這團在溝渠裡扭動的腳和耳朵保持距離。

「夫人，」他連忙解釋道：「牠雖然跟著我，可不是我的狗。我在路上碰見牠，不知道是誰家的狗。」

妻子從鎮上回來後，告訴我那隻狗的事，我就能預見隨之而來的麻煩。狗對她來說，就像其他女人喜歡貂皮大衣般，她可想養一屋子的狗了。家裡已經有兩隻狗，我覺得夠了。她也同意，但還是心不甘情不願的。接下來的幾天，我發現她一直滿懷希望地在路上張望，滿心盼望那隻神出鬼沒的狗兒還會在附近逗留。

要不是一個朋友從村裡打電話來，事情大概會就此結束。他說有一隻狗很像我家的捲毛犬，每天都會被火腿和自製肉醬的香味吸引，在雜貨店外遊蕩。一到晚上就不知所蹤，沒人知道狗主人是誰。也許牠走失了。

我妻子患有一種「狗狗危機症候群」，因為她發現那些走失或遭到遺棄的狗全會被送到動物保護協會，只要一個星期無人認領，就會遭到撲殺。我們怎麼能讓這種事發生在任何一隻狗身上？怎麼能丟下一隻血統高貴的品種狗？

我打電話到動物保護協會詢問，但沒有結果。我妻子開始以買麵包為藉口每天花好幾個小時在村裡尋找，但那隻狗不見蹤影。我說牠顯然已經回到自己家了，我妻子瞪著我，那神情就好像我說今晚要買烤嬰兒來吃似的。我只好再次致電動物保護協會。

兩個星期過去了，還是沒有那隻狗的蹤跡。我妻子一直悶悶不樂，動物保護協會的人也開始對我們天天打去感到不耐煩。後來我們從雜貨店打聽到一些殘酷的消息：那隻狗現在住在樹林裡，在雜貨店的一位客人家外頭，她會用剩菜剩飯餵牠，讓牠睡在走廊。

我從未見過一個女人動作如此迅速。半個小時後，我妻子便開著車回來了，臉上的微笑隔著五十公尺也能看得清清楚楚。坐在她身旁的的是一隻毛茸茸的大傢伙。她一臉笑咪咪地下車。

「牠一定餓壞了。」她說：「剛剛一直在啃安全帶呢，不覺得牠很可愛嗎？」

她哄著狗下了車，牠站在那兒對每個東西直搖尾巴，外表看起來挺嚇人的——一團髒兮兮的毛球，有德國牧羊犬那麼大，渾身打著結，沾滿樹枝和樹葉，瘦得骨頭都凸出來，如叢林般茂密的鬍鬚中伸出一個斗大的棕色鼻子。牠抬起腿來踩在車旁，用爪子踢開碎石，隨後趴下來，把後腿伸直，一條十五公分長的粉紅舌頭從嘴裡懶洋洋地垂下來，上面還黏著安全帶碎片。

「牠很可愛吧？」妻子又重複一次。

我向牠伸出手，牠站起來，一口含住我的手腕，把我拉到院子裡，牙齒還挺尖的。

「看吧，牠喜歡你。」

我問可不可以給牠東西吃，好讓牠放開我被咬出牙印的手腕。牠三兩口便吃光一大碗狗糧，咕嚕咕嚕地喝光一桶水，一頭栽進草地裡擦嘴巴。我家的兩隻母狗不知所措地看著牠，我也一樣。

「可憐的傢伙。」我妻子說：「我們得帶牠去看獸醫，順便把牠的毛剪一剪。」

在每段婚姻中，都有反對無效的時刻。於是當天下午，我就跟寵物美容的海倫太太約了時間，因為憑這傢伙目前的德性，大概沒有哪個口碑好的獸醫願意碰牠。但願海倫太太對鄉下狗的美容問題已習以為常。

一見到牠，海倫太太嚇了一大跳，但之後她表現得無所畏懼。而她的另一個客人，一隻杏色的迷你貴賓犬，一邊嗚嗚叫著，試圖躲到雜誌架上。

「看來我得先照顧牠，」她說：「牠身上味道很重嘛，先前去哪了？」

「大概是樹林裡。」

「哼嗯，」海倫太太皺著鼻子，戴上橡膠手套。「可以請你一小時後再回來嗎？」

我買了一個防蚤項圈，順道去羅比永（Robion）的一家咖啡館喝啤酒，努力適應以後家裡會有三隻狗的情景。當然還是有可能找到那隻狗的前主人，到時候我就會只有兩隻狗，和一個抓狂的妻子。但無論發生什麼情況，都輪不到我來決定。如果有狗狗的守護天使，就讓天使做決定吧。希望祂有聽見我的禱告。

我回來的時候，狗已經被海倫太太拴在花園的一棵樹下。看到我進門，牠便開心地抖動身體，一身長毛被剪短，相形之下頭就變得很大，骨頭也更突出了。牠身上唯一沒有大肆修剪的部分是粗短的尾巴，稀疏的毛被修剪成一顆絨球。牠看起來很兇狠，也很特別，就像小孩會畫的那種火柴棒狗，但至少牠現在聞起來很乾淨。

牠興奮地跳上車，直挺挺地坐在座位上，時不時靠過來想咬我的手腕，嘴裡發出細微的哼哼聲，顯然牠樂壞了。

事實上，這些聲音代表的是牠餓了，因為一回到家，牠便把頭埋進為牠準備的食物裡，一隻腳掌踩著吃得精光的空碗，打算連碗上的琺瑯一起舔掉。我妻子看著牠，流露出大多數女人對著聰明乖巧的小孩才會露出的表情。我硬起心腸，並說我們應該開始找牠的主人。

討論一直持續到晚餐，狗就睡在桌下，把頭枕在我妻子的腳上，發出很大的鼾聲。我們決定今晚讓牠睡在外屋，把門打開，牠要是想走隨時可以離開。倘若明早牠還在的話，我們準備打給當地我們認識的人中，唯一有養格里芬犬的人，問問他的意見。

天一亮，妻子就起床了，不久我就被吵醒，一張毛茸茸的臉直往我臉上蹭。

那隻狗還在，顯然牠已經決定留下來了，而且也知道該怎麼做，才能說服我們生活中可不能沒有牠。真是個厚臉皮的賴皮鬼。看牠一下，牠那瘦巴巴的身體就開心地發起抖來；拍拍牠，就能讓牠欣喜若狂。就這樣過了兩、三天，我知道我們輸了。我百感交集地打給格雷古瓦先生，我們在阿普特見過面，當時他就帶了一隻格里芬犬。

他和他太太隔天就到我家看看我們的新房客。格雷古瓦先生檢查了牠的耳朵，看看裡面有沒有刺上用來識別血統的號碼，以防狗走失。他說認真的飼主都會這麼做。這些號碼會存在巴黎的電腦裡，假如你發現有識別碼的狗，中央辦公室會幫你聯絡主人。

格雷古瓦先生搖搖頭——沒有號碼。「唉，」他說：「這隻狗沒有紀錄，也沒被好好餵養。我猜牠被遺棄了，可能是一隻被當作聖誕禮物的小狗，後來長得太大。這種事常發生。牠還是跟著你們比較好。」狗動了動耳朵，使勁地搖晃身體，不打算反駁。

「牠很漂亮呀。」格雷古瓦太太說，接著就提出一個讓我們家狗的數量一下增加到兩位數的提議。她想讓這隻可憐的傢伙跟她家裡的母狗湊成一對，問我們意下如何？

我知道我們其中一是怎麼想的，但兩個女人已經開始全盤計畫這件浪漫情事。

「你們一定要到我家來，」格雷古瓦太太說：「我們可以邊喝香檳，邊讓牠們倆……」她思索著委婉一點的說法。「……待在外頭。」

幸好，她先生還比較實際。「首先，」他說：「我們得看牠們是否能處得來，然後再決定……」一邊用準岳父的眼神打量那隻狗，狗把厚實的腳掌放在他的膝蓋上。格雷古瓦太太在一旁逗牠。所謂生米煮成熟飯，這就是了。

「但我們忘了一件事。」又逗狗玩了一會兒後，格雷古瓦太太說：「牠叫什麼名字？得取個勇敢的名字才配牠，對不對？瞧瞧牠的頭。」她拍了拍狗的腦袋，牠轉過眼睛來看她。「像維克多啦，或是阿基里斯。」

此時，那狗四腳朝天地躺在地上，不管怎麼看，都跟英勇扯不上邊。不過至少牠還是很雄壯威武的，所以我們幫牠取好了名字。

「我們決定叫牠波伊（Boy），英語的意思是男孩。」

「波伊？哦，很棒的名字。」格雷古瓦太太說，所以牠的名字就是波伊。

我們安排兩、三個星期後，等牠接種疫苗、打識別碼，把牠餵養得結結實實，盡可能成為一個有模有樣的追求者後，再帶牠去見見格雷古瓦太太口中的未婚妻。除了去看獸醫和大量進食外，牠有大半的時間都在努力融入這個家。每天早晨，牠會等在院子門口，興奮地嗚嗚叫準備開始美好的一天，並且一口咬住首先進入牠視線範圍內的手腕。不到一個禮拜，牠便從睡在外面的地毯上升級到可以待在庭院的籃子裡。又過了十天，牠便已經霸占屋裡的餐桌底了，家裡的兩隻狗也對牠百般順從。我妻子丟了顆網球給牠玩，牠卻拿來咬。牠會追蜥蜴，懂得坐在涼爽的泳池臺階上，簡直過著神仙般的生活。

格雷古瓦太太說的「約會日」到了，我們開車來到賽尼翁（Saignon）上方連綿起伏的鄉村，格雷古瓦先生把一棟古老的石砌馬廄改建成一排低矮的房屋，能俯瞰山谷和遠方的聖馬丹德卡斯蒂永鎮（Saint-Martin-de-Castillon）。

波伊胖了，全身的毛皮也變厚了，但牠仍缺乏社交禮儀。牠一跳下車，抬腿便在剛種下的樹苗上撒尿，後腳爪在新長出的草皮上亂扒。格雷古瓦太太覺得牠很逗趣，格雷瓦里先生似乎不那麼認為。我注意到他用略帶挑剔的眼光打量著波伊。他們家母狗根本不搭理牠，光顧著對我們家另外兩條狗發動突擊。波伊爬上房子後面的小山丘上，跳上屋頂。我們進屋去喝茶，品嚐白蘭地酒醃製的櫻桃。

「波伊看起來不錯。」格雷古瓦先生說。

「很漂亮。」格雷古瓦太太說。

「對，但是……」格雷瓦里先生似乎有些顧慮。他起身去拿一本雜誌，那是法國科薩斯格里芬犬俱樂部官方雜誌的最新一期，每頁都有格里芬犬擺拍的照片，有的狗嘴裡叼著抓到的小鳥，有的狗在水裡游泳，有的狗服從地坐在主人身旁。

「你們看。」格雷古瓦先生說：「這上面的格里芬犬都是典型的硬短毛，這是這個品種的特色。」

我看了看這些照片。所有狗的毛都很平順、厚實。我看向波伊，牠正把棕色的大鼻子貼在窗戶玻璃上。修剪過的短毛正慢慢變成灰棕夾雜的捲毛。我們覺得這樣的毛色很特別，格雷古瓦先生卻不那麼認為。

「可惜呀，」他說：「牠已經長成一隻綿羊了。脖子以上是格里芬犬，脖子以下嘛，活生生就是一隻綿羊。我很抱歉，這樁婚事恐怕不相配。」

我妻子差點被櫻桃嗆到，格雷古瓦太太看起來很沮喪，她先生面露歉意。

我則鬆了一口氣。兩隻狗加上一隻羊，現在看來倒是恰到好處。

所以，就我們所知，波伊現在仍是個單身漢。

4 緩速邁過五十大關

我從不刻意過自己的生日，連那些標榜人生又跌跌撞撞走過十年的日子，都常常被我忽略。三十歲那天，我在工作；四十歲那天，我在工作；想到五十歲那天也能在工作中度過，我就感到高興。但事與願違，內人不這麼想。

「你都年過半百了，」她說：「想想你這些年來喝下多少酒了，這也是一種人生成就，我們應該慶祝一下。」

當她繃緊下巴時，就表示這件事沒得商量，於是我們便討論該怎麼過我的生日，其實我早該猜到她有所安排了。出於禮貌，她傾聽我提出的一個個建議——去艾克斯（Aix）旅遊、在泳池內享受漂浮早餐，或是到卡西（Cassis）海邊玩一天，直到我再也想不出什麼好主意時，她才開口。我們去呂貝宏午餐吧，她說，找幾個親密的朋友一起。這才是在普羅旺斯慶祝生日的方式。她開始描繪一個如幻似夢的場景：在樹林裡的一片空地，陽光透過枝葉灑下斑駁的光影，我甚至不用穿長褲，她說我一定會喜歡的。

我沒辦法想像我會喜歡野餐，我的野餐經驗僅限於在英國留下的一些印象：終年潮濕的泥地沁出的濕氣沿著脊椎往上爬，一大群螞蟻跟我搶食物，溫熱的白葡萄酒，還有當烏雲猝不及防地飄來，下起傾盆大雨時，大家爭先恐後尋找遮蔽物的狼狽樣。我豪不客氣地表示，我討厭野餐。

妻子說，這次不一樣，她會把一切安排妥當。事實上，她已經跟莫里斯深入討論過了，她想要的是一次文明且別緻的野餐，甚至可媲美好天氣好時的格林德伯恩別墅（Glyndebourne）。

莫里斯是位於比烏（Buoux）的盧貝旅館的老闆兼主廚，還是一個不折不扣的馬痴，在過去幾年中，收藏並修復了兩、三輛十九世紀的四輪敞篷馬車、一輛豪華馬車和一輛公共馬車，**真正的古時公共馬車**。他現在為喜歡冒險的客人提供騎馬去樹林裡享用午餐的服務。妻子說，我絕對會愛死這樣的安排。

當事實擺在眼前時，我知道我是非去不可，就這麼定了。我們邀請了八位朋友，接下來就是緊握雙手祈求好天氣，當然不用像在英國時握那麼緊。儘管自兩個月前的四月初以來只下過一次雨，但普羅旺斯六月的氣候仍然難以捉摸，有時還是會下點雨。

但當我起床，走進院子裡時，早晨七點的天空是一望無際的藍，像高盧牌香菸盒的顏色。我光腳踩在石板上，感覺很暖和，我們的房客蜥蜴早已占好位置準備做日光浴，一動也不動地攤平在屋牆邊。光是在這樣一個放晴的早晨醒來，就已經是很棒的生日禮物了。

呂貝宏夏日炎熱的一天開始了。坐在門廊上享受一杯法式咖啡，蜜蜂穿梭在薰衣草叢間覓食，陽光將樹林渲染成一片翠綠色，比起一夜致富還讓人心動。暖和舒適的溫度給我一種健康和恣意的感覺，我完全不覺得自己超過四十九歲，低頭看著自己十隻棕色的腳趾，我希望到六十歲生日的時候，一切還是跟現在一樣。

沒過多久，當和煦的氣溫逐漸變成熱氣時，蜜蜂的嗡嗡聲被柴油引擎的咔噠聲蓋過，我看到一輛敞篷的荒原路華老爺車，車身漆成迷彩綠，喘吁吁地爬上車道，在一片塵埃中戛然而止。來人是貝內特，穿得像是遠征沙漠軍的偵查兵——軍用短衫、短褲和坦克指揮官的墨鏡，車上綁著五加侖的扁桶和工具包，一張臉曬得黝黑，只有頭上那頂LV棒球帽，看起來與阿萊曼戰役格格不入。他穿越國道一百號的敵軍防線，成功地進入梅內爾伯內部，現在已做好最後準備，打算一舉攻下山區。

「天哪，你看起來變老了。」他說：「我可以借用一下電話嗎？我把泳褲忘在昨晚過夜的房子裡了。卡其布的內褲，跟諾瑞嘉將軍穿的很像，非常特別，我不想弄丟。」

趁著貝內特打電話時，我們把兩位客人和三隻狗趕上車，接下來就是開車去比烏跟其他朋友會合。貝內特從屋裡走出來，調整了一下棒球帽遮光，我們便在荒原路華車的護送下出發。那輛車及其司機吸引了在馬路兩旁半身藏在葡萄藤下的農夫注意。

過了博尼約，景色變得荒涼原始，葡萄藤不見了，取而代之的是岩石塊、灌木叢和長條狀的紫色薰衣草田。路上不見汽車和房子，我們離呂貝宏繁華的市鎮大概還有幾百公里遠，光想到這樣荒涼、空曠的鄉野竟然還存在，就讓人開心。精品店或房屋經銷商要侵襲到這裡，還要很長一段時間。

車子轉進深谷，進入比烏，整個村莊仍在沉睡中。鎮公所旁的木柴堆上窩著一隻狗，牠眼睛半睜，敷衍地吠了幾聲。一個小孩懷中抱著一隻貓，牠抬起頭，棕色的圓臉上只露出彎月似的小小眼白，盯著眼前難得一見的車隊。

旅館四周的景色彷彿一個還沒決定情節、角色、服裝或上映時間的電影攝影棚。現場有一套白西裝、一頂寬邊巴拿馬帽、短褲、帆布鞋、絲綢洋裝、墨西哥工人裝、圍巾、鮮艷的披肩以及各種顏色和年代的帽子；有一個盛裝打扮的小嬰兒，還有我們這位來自沙漠的男人，從車上跳下來檢查裝備。

莫里斯從栓馬的地方現身，對我們微笑，很開心天氣這麼好。他穿著普羅旺斯的週日盛裝——白襯衫、白褲子、黑色的波洛領帶、棗紅色西裝背心，頭上戴著一頂老舊的扁平草帽。他的朋友，第二輛馬車的駕駛，同樣身穿白衣服，襯著深紅色的厚背帶和很有型的灰白鬍子，很像尤．蒙頓（Yves Montand）在《男人的野心》（Jean de Florette）中的扮相。

「來！」莫里斯說：「過來看看馬。」他帶我們穿過花園，一邊問我們最近胃口如何，先遣部隊才剛搭廂型車離開去布置野餐。到時候會有足以餵飽整個比烏鎮的豐盛大餐。

馬兒被栓在陰涼處，毛皮光亮，鬃毛和尾巴都梳得整整齊齊。其中一隻發出嘶叫，鼻子湊近莫里斯的背心找糖吃。年紀最小的客人趴在她爸爸的肩上，對著這樣的龐然大物咯咯地笑，身體往前湊，粉嫩的指頭蠢蠢欲動地往馬兒亮栗色的側腹戳了戳。馬誤以為是蒼蠅，甩了甩牠的長尾巴。

我們看著莫里斯和「尤．蒙頓」把馬拉到一輛黑色鑲紅邊的敞篷馬車和另一輛紅色鑲黑邊的七人座四輪馬車前——兩輛車都上了油，打過蠟，擦得像展示品般閃閃發亮。莫里斯整個冬天都在悉心照顧這兩輛馬車，而果真像他說的一樣——美極了。車上唯一現代化的東西是一個老式的號角汽車喇叭，用來超越保養得較差的馬車，以及嚇跑過馬路的雞。「來！上車！」

我們上車出發，以正常的車速穿過鎮上。窩在木柴堆旁的狗叫著，向我們道別，我們便朝開闊的田野駛去。

這種旅行方式會讓人後悔發明汽車。一路上的景色變得不一樣了，視野開闊，也更有趣。我們隨著馬行進的步伐、路面坡度和輪子角度的不同微微晃動，產生一種舒適愉快的節奏感。馬車發出嘎吱嘎吱的聲音，馬蹄噠噠作響，加上車輪的鋼圈碾過路上的砂礫，就好比一首怡然自得的古典樂。我能聞到空氣中瀰漫著一股香味，混合著馬的體溫熱氣、馬鞍上抹的皮革皂、護木油和從窗外撲鼻而來的草原芬香。

馬車行進的速度若有似無，讓人有充分的時間瀏覽風光。坐在車上，就相當於待在一個快速移動的房間裡，眼前見到的是一片模糊的影像，完全與鄉村隔離開來。而坐在馬車上，就能成為風景的一部分。

「跑呀！」莫里斯用鞭子輕甩馬的臀部，我們切換到了二檔。「這傢伙很懶，」他說：「又很貪吃。知道回程有東西吃，就會跑比較快。」一片細長、綿延的紅色田野在我們下方的山谷緩緩展開，長滿了密密麻麻的罌粟花，一隻禿鷹在上方盤旋俯衝，展開雙翅，停止拍動，在空中翱翔。就在這時，一片雲飄了過來遮住太陽，我可以看見光線透過雲層照射出來，形成一道道近乎暗黑色的光線。

我們駛離大路，沿著一條蜿蜒的小徑穿過樹林，馬蹄踩在參差不齊的百里香上幾乎沒了聲響。我問莫里斯是怎麼發現這個野餐地點的，他跟我說，他每個星期休假的時候，都會去騎馬，有時候騎了好幾個小時都沒見到人。「我們離阿普特其實只有二十分鐘的路程，」他說：「但沒人會來這裡，只有我和野兔。」

樹林越來越茂密，小徑也越變越窄，勉強夠馬車通行。然後我們繞過一塊露出地面的岩層，鑽過由枝椏形成的隧道，午餐盛宴就在我們眼前展開。

「到了。」莫里斯說：「餐廳開張啦。」

在一塊長滿草的空地上，濃密的橡樹樹蔭下擺著一張十人桌——桌上鋪著潔白的桌巾，放著冰桶、漿過的餐巾、幾盆鮮花，刀叉和椅子的數量恰到好處。桌子後方有一間閒置已久的長形石屋，原本是牧羊人休憩的地方，現在被改裝成一間鄉村酒吧，隨著拔出軟木塞「啵」的一聲和玻璃杯的碰撞聲，我對野餐所有不好的印象都消失了，這跟想像中的潮濕泥地和螞蟻三明治差多了。

莫里斯用繩子圈出一塊地，把馬的繩子鬆開。馬在草地上打滾，就像鬆開緊身胸衣的老太太般輕鬆。馬車的百葉窗被拉起來，年紀最小的客人回到車上睡午覺，其他人則在石屋前的空地上喝一杯冰鎮過的桃子香檳。

沒有什麼比這樣奇妙的旅程更叫人心情舒暢了。我對於莫里斯實在欽佩得無以復加。這是他應得的讚美。從足夠的冰塊到牙籤，他什麼都想到了。正如他所說的，我們絕不會挨餓。他讓所有人坐下，開始介紹第一輪菜色：甜瓜、鵪鶉蛋、奶油烙鱈魚、野味醬、醸番茄和醃製蘑菇——從桌子這頭一直擺到另一端，襯著從枝葉縫隙灑下的陽光，簡直美得像烹飪藝術書上毫不真實的擺拍照片。

席間，大家停下手中的刀叉，送給我一張分量很重但很實際的生日賀卡——一個圓形金屬路標，直徑六十公分，上面寫著一個大大的黑色數字，提醒我過去的歲月：五十。生日快樂，好好享用。

我們開始埋頭苦吃，利用上菜的空檔站起來，手捧玻璃杯去散步消食，再回到桌前繼續吃。午餐持續了將近四個小時，等到咖啡和生日蛋糕上桌時，大家都已吃飽喝足，一副懶洋洋的樣子，連講話的速度都變慢了。這世界多麼美好，五十歲又是多棒的年紀呀。

馬兒拉著車離開空地，返回比烏鎮時，一定察覺到重量增加了，但牠們似乎比早上還要有活力，晃頭晃腦的，抽動鼻子聞了聞空氣。突然間，平地颳起一陣強風，拉扯著我們的草帽，雷聲跟著隆隆響起。不到幾分鐘，蔚藍的天空頓時烏雲滿布。

我們才剛上路，便下起了冰雹——豆大的冰雹打在頭上刺痛不已，在濕漉漉的寬闊馬背上彈跳。馬根本不需要鞭子，便悶著頭加速奔走，全身冒著熱氣。莫里斯的草帽邊緣塌了下來，垂到淌著水的耳朵上，紅色西裝背心開始褪色，浸染到他的褲子。他笑著迎風大喊：「哦啦啦，英式野餐。」

我和妻子用旅行毯搭成遮雨棚，回過頭看四輪馬車怎麼應付這場傾盆大雨。車頂顯然不如看起來般防水。不時有手從車身側面伸出來，將水往車外倒。

我們回到比烏鎮時，莫里斯全身和四肢都僵硬了，雙手緊抓著韁繩，控制著聞到家和食物味道的馬兒。牠們顯得熱烈又急躁，管他什麼人類和野餐啊。

儘管成了被暴雨襲擊的受害者，我們還是開開心心地聚集在餐廳裡喝茶、咖啡和渣釀白蘭地恢復活力。早上野餐的優雅一去不復返，取而代之的是從頭到腳滴著水、頭髮稀疏的落湯雞。身上的衣服出現不同程度的透明，原是白色的褲子透出裡面印著紅色「生日快樂」字樣的四角褲。原本寬鬆的衣服現在黏成一團，草帽看起來像凝固在盤子上的玉米片，每個人腳下都滴滴答答積了一片水窪。

搭乘廂型車先一步回來的莫里斯太太和餐廳的服務生馬塞爾送來各種樣式的乾衣服和渣釀白蘭地供我們暖身體，此時的餐廳成了更衣室。戴著棒球帽的貝內特陷入沉思，心想是否要借條泳褲，穿著開車回家。他的荒原路華進了水，駕駛座已經變成了小水坑。他望著窗外說，不過至少暴雨已經停了。

假設暴雨在比烏就停了，那梅內爾伯根本就不會下雨。返家的路程仍會塵土飛揚，草地仍是一片枯黃，院子依舊熱氣瀰漫。我們看見太陽落在房子西側的兩座山峰之間，然後消失在泛紅的天空盡頭。

「怎麼樣？」我妻子說：「現在你喜歡野餐嗎？」

什麼問題嘛，我當然喜歡野餐啦，簡直愛死了。

5 聖龐塔萊翁的蟾蜍合唱團

為了慶祝兩百年前貴族被大規模送上斷頭臺，法國人會舉辦各式各樣奇奇怪怪的活動，其中一項活動最為奇特，卻都沒有被報導出來，即便當地連古斯列市場有輛貨車被偷或村裡舉辦滾木球競賽之類的小事都能登上報紙頭版。甚至連消息靈通的《普羅旺斯報》記者也沒能將它挖掘出來。像是這樣的奇聞軼事，倒是可稱為世界獨家。

一開始聽說這件事時，冬天已經快過去了。在盧米埃村（Lumières）一家麵包店對面的咖啡館裡，有兩個人在討論一個我從未想過的問題：蟾蜍會唱歌嗎？

兩人中體格較壯的那個顯然持反對票。從他粗壯有力但傷痕累累的雙手和沾滿灰塵的藍色工作服看來，他像一名石匠。

「如果蟾蜍會唱歌，」他說：「那我就是法國總統了。」他灌下一大口紅酒。然後他衝著吧檯後的女人吼道：「小姐，妳覺得呢？」

正在掃地的女士抬起頭來，雙手撐在掃帚柄上，開始發表她的意見。

「很明顯，你不是法國總統，」她說：「至於蟾蜍嘛……？」她聳聳肩。「我不懂蟾蜍，但也不無可能，生命是很奧妙的。我以前養過一隻會用馬桶上廁所的暹羅貓，我還有彩色照片可以證明呢。」

矮個子的男人靠在椅背上，一臉自己說得沒錯。

「聽到沒有？萬事皆有可能。我姊夫跟我說，聖龐塔萊翁（Saint-Pantaléon）有個男人養了很多蟾蜍，打算訓練牠們參加法國革命兩百年的紀念活動呢。」

「是嗎？」體格壯碩的男人說：「牠們能幹嘛呢？揮旗？跳舞？」

「牠們會唱歌。」矮個子的男人喝完酒，把椅子往後推。「我想牠們在七月十四日前，大概就能表演〈馬賽進行曲〉吧。」

兩人離開時仍各執一詞，我試著想像到底該如何教這些聲域有限的生物發出激勵人心的旋律，讓每個愛國的法國人一想到貴族的頭顱落到籃子裡，就因為自豪而渾身顫慄。說不定真的有可能。我只在夏天聽過房子周圍傳來野生青蛙的鳴叫聲。大一點的，或更有天賦的蟾蜍，也許可以輕易跨越八度音階，發出長音。但怎麼訓練蟾蜍是個問題，又是什麼樣的人會花時間挑戰這種事？我實在很好奇。

在前往聖龐塔萊翁尋找那個人前，我決定先聽聽別人的意見。我的鄰居馬索應該知道蟾蜍的習性。他常跟我說他什麼都懂，舉凡跟大自然、天氣和任何普羅旺斯的蟲魚鳥獸相關的事情。雖然他對政治和房價不熟，但在野生動物方面的知識可謂翹楚。

我沿著森林邊的小路進入一個濕冷的山谷，馬索的家就在這裡，蓋在陡峭的河畔。他的三條狗直撲向我，還好被鏈條扯住，後腿繃得緊緊的。我站在牠們的攻擊範圍外，吹了聲口哨。接著聽見東西掉在地上的聲音，和一聲「媽的！」隨後馬索出現在門口，雙手滴著橘色的水。

他走過來，踢了下腳示意狗安靜，然後用手肘跟我握手。他解釋他正在粉刷房子，讓房子看起來更值錢，能在開春賣個好價錢。還問我，會不會覺得橘色很顯眼？

我先是稱讚他的藝術眼光，才問他有多了解蟾蜍。他拉了拉鬍子，才想起手上沾到了顏料，但鬍子已有一半被染成了橘色。

「幹。」他用抹布擦鬍子。他的臉早就因為喝了廉價的酒加上吹風，成了磚頭的顏色，這下更是被油漆抹得滿臉都是。

他看起來若有所思，然後搖搖頭。

「我沒吃過蟾蜍。」他說：「青蛙倒吃過，蟾蜍從未試過。這肯定是道英國菜，對不對？」

我決定不要告訴他英國有道菜叫「蟾蜍在洞」。「我不是要吃，只是想知道蟾蜍會不會唱歌。」

馬索盯了我一會兒，想看看我是不是認真的。他露出那口爛牙。「狗會唱歌。只要踢牠們那裡，然後……」他仰頭發出嗷嗚聲。「蟾蜍有可能會唱歌，天曉得？這完全是訓練的問題。我住在福卡爾基耶的叔叔養了一頭山羊，只要聽到手風琴聲就會跳舞，很可笑吧，儘管我之前見過吉普賽人養的豬，跳得比牠優雅多了。但現在牠可是舞蹈家呢，雖然體型大了點，動作卻很細膩。」

我把在咖啡館聽到的事告訴馬索，並問他有沒有可能剛好認識這個訓練蟾蜍的人？

「不認識，他不是這裡的人。」雖然聖龐塔萊翁距離這裡只有幾公里，卻因為位於國道一百號的另一邊，而被視為外地。

馬索開始跟我說起一個不可思議的故事，關於一隻蜥蜴被馴養。講到一半，突然想起自己正在漆油漆，再次伸出手肘跟我握手，然後繼續漆他那橘色的牆。我在回家路上得出結論，這件事發生在那麼遠的地方，問其他鄰居顯然沒用。我還是去聖龐塔萊翁一趟，繼續我的研究。

即使以村莊的標準來說，聖龐塔萊翁也不算大。總共有約一百位居民、一間小旅館、一座十二世紀的小教堂，裡面有一個用石砌的墓地。這些墓穴空了好多年，但形狀還在，有些小得近乎嬰兒的尺寸。那天天氣陰森森的，寒冷的西北風吹著宛如骨頭般、光禿禿的枝椏，沙沙作響。

一名老婦背著風在自家門口掃地，把灰塵和空的高盧菸盒掃到鄰居家門口。我問她怎樣才能找到那位養了唱歌蟾蜍的人。她翻了個白眼，便轉身進到屋裡，砰的一聲把門關上。當我往前走時，看見她家窗簾抖動了一下。中午吃飯時，她絕對會告訴丈夫，她今天碰到一個在外閒晃的瘋老外。

我在通往奧德先生的鐵藝工作室那個轉角前，看到一個男人蹲在他的摩托車前，拿著螺絲起子捅著車身。我便向他問路。

「當然知道啦，」他說：「那是薩爾克先生，大家都說他是蟾蜍愛好者，但我沒見過他。他住在村外。」

我照著他的指示來到一間佇立在路旁的小石屋。車道上的砂礫看起來像是整理過似的，郵箱也才剛上過漆，貼著一張用壓克力板保護起來的銅版印刷名片，上面寫著：**受人尊敬的薩爾克先生，從事各種研究**。看來似乎涵蓋了所有研究範圍。不知道他除了訓練蟾蜍唱歌外，還從事什麼研究。

在我走上車道時，他打開門看著我，從門後探出頭來，金框眼鏡後方的眼睛閃爍精光。從恰如其分的黑髮到一塵不染的皮鞋，他全身散發出整潔的氣質。

他的褲子上有熨得筆直的摺痕，還打了領帶。我聽見屋裡隱約傳來長笛聲。

「你總算來了，」他說：「電話已經壞三天了，實在很糟糕。」他把頭湊過來。「你的工具呢？」

我解釋我不是來修電話的，只是聽說他的蟾蜍研究，很有興趣。他沾沾自喜，用乾淨白皙的手理了理已經很平整的領帶。

「我看得出來，你是英國人，我這個小小的慶祝活動已經傳到英國了，真令人開心。」

我不忍心告訴他就連鄰近的盧米埃村都不太相信蟾蜍能唱歌的傳言，不過既然他看起來心情不錯，我便問他能不能讓我參觀一下這支合唱團。他用鼻音哼了幾聲，手指在我鼻子下方晃了晃。「看來你一點也不了解蟾蜍，牠們春天才會出來活動。不過如果你想見識一下，我可以帶你看看牠們住的地方，稍等我一下。」

他回到屋內，穿了件厚厚的保暖開襟毛衣重新現身，手裡拿著一個手電筒和一把貼著標籤的老鑰匙，上面印有「工作室」的銅版字。我跟著他穿過花園，來到一棟蜂窩式建築前，由乾燥、平整的石頭堆砌而成——這是一千年前的沃克呂茲典型的石屋建築。

薩爾克打開門，用手電筒往石屋裡照。沿著牆下方的是一片沙石堆積的土坡，往下傾斜到屋子中間一個充氣的塑膠水池。一個麥克風懸掛在水池上方的天花板，卻不見表演者的蹤影。

「牠們在沙裡睡覺呢。」薩爾克說，用手電筒比劃著。「在這裡——」說著，手電筒照向左邊的牆腳。「——有綠蟾蜍，叫聲很像金絲雀。」他噘起嘴，捲起舌頭學給我聽。「還有這裡——」手電筒的光掃過對岸的土壤。「有黃條背蟾蜍。牠們的聲囊可以鼓得很大，叫聲極其嘹亮。」他把下巴縮到胸口，學蛙叫。「懂了嗎？這兩種聲音非常不同。」

薩爾克先生向我解釋他怎麼將這些在我看來不可能的事化作可能。春天，當蟾蜍開始求偶時，這些住在河岸對面的居民就會聚集在水池裡嬉戲，大唱牠們的定情歌。由於蟾蜍基因中的羞怯，這種情況只發生在夜晚。不過沒有關係，不論是如鳥鳴般婉轉的叫聲，還是雄壯的嘎嘎聲，都會透過麥克風，被錄到薩爾克先生書房的錄音機裡。這些叫聲會經過剪輯、混音、調音，再透過電子合成的神奇效果，最後就能形成〈馬賽進行曲〉的旋律。

不過這才剛開始呢。就快一九九二年了，薩爾克先生打算製作一首原創歌曲，作為歐洲共同市場成員國的國歌，這個想法很令人興奮吧？

我根本不覺得興奮，反而失望透頂。我一直期待聽到現場演出——成群結隊的蟾蜍聲囊整齊地膨脹收縮，薩爾克先生站在臺上指揮，蟾蜍女低音擔綱淒美動人的獨唱，觀眾們仔細聆聽每一個高亢與低鳴的音符，那將是一次多麼值得令人回味珍藏的音樂之旅。

但經由電子合成的蛙叫？當然也很獨特，但缺乏了現場演唱的那種不受拘束的奔放。至於共同市場的國歌，我心存懷疑。布魯塞爾的官員要花數年才能解決幾件雞毛蒜皮的小事，例如護照的顏色，以及優格中合格的酵母菌數量等，要怎麼指望他們就一首曲子達成共識？何況是由蟾蜍合唱團演唱。柴契爾夫人又會有怎樣的發言？

事實上，我知道柴契爾夫人會怎麼說──「牠們一定是英國蟾蜍。」──但我不想把政治和藝術混為一談，所以我直接進入主題。

為什麼用蟾蜍呢？

薩爾克先生望著我，彷彿我在故意裝傻。「當然是因為從來沒有人做過啦。」他說。

當然了。

在春末夏初這段時期，我常常想回去看薩爾克先生和他的蟾蜍進展如何，不過我還是決定等到七月，到時候蟾蜍協奏曲應該已經錄製完畢。運氣好的話，或許還能聽到歐盟共同市場的國歌。

但當我抵達他家時，薩克爾先生並不在。一個臉像核桃般的女人幫我開門，一手抓著吸塵器的手柄。

薩爾克先生在家嗎？女人回到屋裡關吸塵器。

「不在，他去巴黎了。」她停頓一會兒，補充道：「去參加兩百週年慶祝活動了。」

「他有帶著他的音樂作品一起去嗎？」

「不知道，我只是管家。」

為了不虛此行，我問她我能不能看看蟾蜍。

「不行，牠們累了，薩爾克先生交代不能打擾牠們。」

「謝謝您，女士。」

「不客氣，先生。」

在七月十四日前幾天，報上刊滿了有關巴黎的準備活動，像是花車、煙火、參加的國家元首和凱撒琳・丹尼芙（Catherine Deneuve）的穿著，但就是找不到關於蟾蜍合唱團的消息，就連文化版也沒有。從國慶日開始到結束，始終沒有聽見一聲蛙鳴。我就知道他該做現場表演的。

6 教皇新堡禁止吐酒

八月的普羅旺斯最適合躺著不動，找個地方納涼。這種時候，凡事都得放慢腳步，同時盡量縮短旅行時間。蜥蜴最懂其中的奧妙，我也早該明白。

早上將近九點半，氣溫高達二十九至三十二度，我一坐進車裡，便感覺自己像一塊要下鍋煎的雞肉。我查看地圖，想找一條路，好避開擁擠的觀光車流和早已熱昏頭的卡車司機，一顆汗珠從我的鼻頭墜下，正巧滴在我要去的目的地——教皇新堡，一個產葡萄酒的小鎮。

幾個月前的冬天，我在兩個朋友的訂婚宴上認識了一個叫米榭的男人。第一批酒上桌後，有人提議乾杯。我注意到，其他人只是在喝酒，但米樹正專注地進行一場個人儀式。

他先凝視著酒杯，而後拿起來，用手托住杯肚，輕轉三到四次。接著把酒杯舉到與眼睛同高，仔細觀察酒旋轉後沿著杯壁內側流下的痕跡。他把鼻子湊到杯口，鼻翼翕張，全神貫注地徹底檢差一番。他深深地吸氣，最後一次轉動酒杯，然後慢慢地喝了一口酒，但僅是淺嚐。

顯然那杯酒在進入喉嚨前得經過好幾道測試。米樹把酒含在嘴裡咀嚼幾秒後，噘起嘴唇讓些許空氣進入嘴裡，小心翼翼地發出漱口的聲音。他兩眼直視天空，腮幫子不斷收縮、鼓起，促進舌頭和臼齒周圍的空氣流動。看起來他很滿意那杯酒在口腔裡種種考驗的結果，終於吞了下去。

他注意到我的目光，衝著我笑。「不錯、不錯。」他又喝了一口，但這次沒那麼費工，最後挑起眉毛對酒致敬。「這年分的酒不錯，一九八五年的。」

後來我在晚餐時發現，米樹是一名酒商，也是專業的葡萄酒品鑑家，他買進葡萄，產出香醇的美酒再賣出。他尤其熟悉南部的葡萄酒，從塔維勒粉紅酒（他說這款是路易十四的最愛）到淡金色的白酒，再到味道強烈的吉恭達斯紅酒，無一不知。但在他所有的收藏品中，他最愛、喝了死而無憾的一種酒，就是教皇新堡紅酒。

他談起這款酒的樣子，彷彿在描述一個美女，雙手愛撫空氣，細膩的吻落在指尖上，暢言更多關於酒體、香味及其強勁味道的話題。他說，其實人人都知道教皇新堡的酒精濃度超過百分之十五，尤其近幾年來，波爾多紅酒越來越淡，勃艮地的價格只有日本人才買得起，教皇新堡的酒簡直划算到不行。我一定得去他的酒窖親眼瞧瞧，他將為我安排一次品酒會。

在普羅旺斯，從計畫安排會面到確定行程往往要好幾個月，有時候甚至要好幾年的時間，所以我並不指望立刻收到邀請。冬去春來，春去夏來，然後來到了八月，恰好是來杯十五度美酒的最佳時節。這時候米榭來了電話。

「明天早上十一點整，」他說：「我在教皇新堡的酒窖等你，記得早餐吃多點麵包。」

我按照他的話做了，還聽從當地美食家的建議，預先喝了一匙純橄欖油。讓胃上一層保護膜，以緩衝勁道十足的新酒反覆不斷的攻擊。總之，當我沿著曲折蜿蜒、曬得熱烘烘的鄉村小路行駛時，我下定決心，無論遇到任何情況，都不要喝下太多酒。我要像那樣老手那樣，漱個口就吐掉。

教皇新堡在熱浪中顫巍巍地映入眼簾時，時間正好將近十一點。這裡簡直是為酒而存在的地方，到處充滿了誘惑的邀約——久經日曬，表皮剝落的布告欄上、新印刷的海報上、大瓶裝酒瓶上的手寫標語、牆壁上、葡萄園邊的支柱和車道盡頭的柱子上——歡迎品嚐！歡迎品嚐！

一道石砌高牆讓貝薩克酒窖與世隔絕，我緩緩地駛過大門，把車停在陰涼處下車，感覺到陽光就像一頂熱氣凝聚的帽子直逼我頭頂。在我面前是一棟長型建築，頂部建有城垛，除了偌大的雙扇門外，令人難以察覺正面在哪裡。一群人站在門口，被黑色的室內襯托出輪廓，手中捧著在陽光下閃閃發光的大碗。

酒窖裡近乎冰冷，米榭遞給我一個奇涼無比的玻璃杯，這是我見過最大的玻璃杯，像一個有高腳的水晶桶，杯肚呈球根狀，杯口則縮成金魚缸的圓周大小。米榭說這個杯子可以容納四分之三瓶的酒量。

經歷外頭的強光後，我的眼睛適應了昏暗，才意識到這不是一個普通的酒窖。兩萬五千瓶酒都會被遺忘在某個遙遠的陰暗角落。事實上，我一瓶酒也沒看見，只有一條酒桶林蔭大道——巨大的酒桶橫躺在兩旁與腰齊高的平台上，酒桶上半部的曲線離地約三到五公尺。每個酒桶頂蓋的平面上都用粉筆潦草地寫著內容簡介，這是我有生以來第一次邊走邊瀏覽酒單：隆河丘村莊、里哈克、瓦給雅斯、聖約瑟夫、克羅茲—艾米達吉、塔維爾、吉恭達斯——每桶酒都有數千升，按年分排列，靜靜地放到熟成。

「好啦，」米榭說：「可不能讓你拿到空杯到處晃，你想喝什麼？」選擇太多了，我不知道該從哪一種開始。我問米榭是否能帶我逛逛？我看到其他人的金魚缸裡都裝了酒，也給我一樣的吧。

米榭點點頭。那樣最好，他說，因為我們只有兩個小時，他不希望明明有那麼多珍品供人品嚐，我們卻把時間浪費在喝新酒上。我很高興我喝了橄欖油才來。凡是稱得上珍品的東西，都不該被吐出來。但喝兩個小時會讓我像酒桶一樣仰躺在地，我問米榭我可不可以吐酒。

米榭把他的杯子往標示著「隆河丘大道入口」的細長排水溝一揮。「想吐就吐，但……」顯然他認為否認喝酒的快感、口腔迸發的味道、綿長的餘味和飲用藝術品帶來的巨大滿足是很悲慘的事。

酒窖總管是一位穿著褪色天藍色棉夾克的瘦弱老人，他拿著一個器具出現，使我聯想到巨大的滴管——一根一公尺長的玻璃管，一端裝著一個拳頭大小的橡膠球。他用噴嘴瞄準，將大量白葡萄酒注射到我的杯子裡，邊擠邊喃喃念著祈禱文：「八六年的艾米達吉，帶有洋槐花的香氣，甜，沒有太多酸度。」

我轉著酒杯，聞了聞，把酒含在嘴裡漱一漱，吞下肚。好喝，米榭說得沒錯，把酒吐到排水溝裡是一種罪過。我看到其他人把沒喝的酒倒進一旁擱板桌上的大水壺裡，稍稍鬆了口氣。稍後，這些酒會被倒進裝了醋母的瓶子裡，最後會釀成四星級的醋。

我們慢慢地沿著通道往前走，每到一處，酒窖總管就會踩上他的便攜式梯子爬到酒桶頂蓋，敲掉塞子，插入汲酒的噴嘴，然後小心翼翼地從梯子上下來，彷彿帶著一把重裝武器似的——隨著品酒進行，就越來越像了。

最初幾次品酒僅限白酒、粉紅酒和酒體輕盈的紅酒。但當我們進入酒窖更深的陰暗處時，所品的酒色澤變得更深，酒體也更厚重，酒勁明顯更強。呈上每一支酒時，都伴隨簡短且恭敬的介紹。艾米達吉紅酒，帶有紫羅蘭、覆盆子和桑葚的香氣，酒勁強烈。隆河丘的「陳年特釀」是一匹優雅的純種馬，精緻且像布一樣滑順。這些形容葡萄酒的創造性詞彙幾乎和酒本身一樣讓我印象深刻——肉質感、動物味、壯實、酒體飽滿、豐腴以及充滿力道——而那位總管從未重複使用相同的形容。不知道他文情並茂的能力是否與生俱來，或者他每天晚上都抱著一本同義詞詞典睡覺。

我們終於來到米樹讚嘆不已的那款前方——一九八一年的教皇新堡紅酒。雖然釀成後會熟成好幾年，但這款酒已經很出色。深紅色的酒體，它的香料和松露香味，溫度及平衡——更別說其酒精含量了，將近十五度。我以為米樹會一頭栽進自己的杯子裡，看見一個人熱愛自己的工作真好。

他有些不情願地放下酒杯，看了眼手錶。「我們該走了。」他說：「我去拿些酒，午餐時喝。」他走向酒窖前的辦公室，搬了一箱十幾瓶酒出來，後面跟著他的同事，同樣抱著十幾瓶酒。我們八個人一同去吃午餐，最後能有幾個存活下來？

我們離開了酒窖，在陽光的威力下皺眉蹙額。我一直克制自己小口啜飲，不要一口灌下去。儘管如此，當我往停車的方向走時，我的頭還是發出了警告。喝水。在我喝更多酒前，我一定要喝點水。

米榭拍了拍我的背。「沒有比品酒更容易口渴的啦。」他說：「放心，我們的酒夠多。」天哪。

米榭選擇的餐廳離酒窖約半小時路程，位於卡瓦永郊外的村莊。是一間農場客棧，提供他口中描述在鄉村可吃到的正統普羅旺斯美食。由於這間農場位址隱密，很難找到，所以我一定要跟緊他的車。

說得比做得容易。就我所知，雖然沒有數據支持我的理論，但根據我的觀察和驚心動魄的親身經歷，都讓我相信一個空腹的法國人開車的速度是吃飽後的兩倍（超越了理智和速限）。米榭也不例外。前一分鐘他還在那裡，後一分鐘，他便成了地平線上一團模糊的塵埃，削過轉角的乾草坪，穿過中午時分昏昏欲睡的村莊狹窄的街道，他的食慾正在超速運轉。等我們抵達餐廳，所有渴望喝水的念頭都消失了。我得來杯酒。

農場餐廳涼爽而嘈雜。角落一台大電視機沒有人看，逕自播放。其他顧客大部分是男性，全身曬得黝黑，穿著從事戶外工作的舊汗衫和背心，頭髮扁塌，額頭因為長時間戴帽子而白皙。一隻不起眼的狗在角落哼哧哼哧聞著從廚房飄來的烹調肉類的辛辣氣味，牠睡眼惺忪地抽動著鼻子。我意識到我餓壞了。

我們被介紹給老闆安德烈，他外表黝黑、身材魁梧，很符合我們品嚐的一些葡萄酒的描述。他身上散發大蒜、高盧菸和茴香酒的味道；一身寬鬆襯衫、短褲、橡膠涼鞋，留著濃密的小鬍子。他聲音響亮，能壓過室內的吵鬧聲。

「啊，米榭！這是什麼？Orangina[3]？可口可樂？」他開始拆開裝酒的板條箱，伸手從短褲後的口袋拿出一個開瓶器。「親愛的！拿一桶冰塊來。」

他的妻子體格壯碩，笑臉迎人，端了一個盤子從廚房走出來，放到桌上：兩個冰桶、一盤粉色的法式臘腸，上面灑著胡椒粒、一盤新鮮蘿蔔和一碗濃厚的酸豆橄欖醬，這是一種橄欖加鯷魚製作的醬汁，有時被稱為普羅旺斯的黑奶油。安德烈像機器般開瓶塞，轉開後聞了聞每個木塞，然後把瓶子在桌子中央排成兩列。米榭解釋這些是我們在酒窖沒有時間品嚐的酒，大部分是隆河丘出產的新酒，有六支是吉恭達斯年分更久且強而有力的援軍，以搭配起司享用。

法式午餐總能戰勝我僅存微不足道的意志力。我可以坐下來，下定決心要適度飲食，稍微吃點東西、喝點酒，但在那裡待了三個小時後，我會一直抓著

3 一種碳酸飲料，以碳酸水、柑橘果汁、果肉製成。

酒杯，仍然食慾大開。我不覺得是我貪嘴，而是一屋子專心吃飯喝酒的人之間所產生的氛圍。他們會一邊大快朵頤，一邊聊天，不是政治、體育或工作之類的話題，而是關於盤裡的食物和杯裡的飲料。他們會比較醬汁、爭論食譜，提起過去吃過的佳餚，計畫未來要做怎樣的料理。世界上其他的問題都可以稍後再談，但此時此刻，食物為第一優先，我們仍未滿足。我實在難以抗拒。

我們像運動員拉筋一樣輕鬆地吃午餐，一根蘿蔔頂部被切開，塞入一塊幾乎是白色的奶油，上面以一小撮粗鹽點綴；一片法式臘腸，灑上胡椒讓舌頭刺麻麻的；昨天的麵包烤成吐司片，塗上酸豆橄欖醬後油油亮亮的；以及冰涼的粉紅酒和白酒。米榭倚在桌旁。「不准吐掉。」

老闆邊拿著一杯紅酒喝，邊履行他的職責，穿著那身短褲和橡膠涼鞋，盡可能講究禮節地呈上第一輪菜。他把一個深砂鍋放到桌上，側面幾乎燒到焦黑，接著將一把舊菜刀插入肝醬中，又帶著醃小黃瓜的高玻璃罐和一盤洋蔥醬回來。「好啦，孩子們，盡情享用。」

當米榭為每個人倒他帶來的新酒時，酒的顏色起了變化，砂鍋再次傳遞起來，每個人都再盛第二次。安德烈打牌打到一半，過來把酒加滿。「還好嗎？菜色還喜歡嗎？」我告訴他我有多喜歡他的洋蔥醬。他告訴我留點肚子吃下一輪，那道菜是——他吻了下自己的手指，發出聲響——一個巨大的成就，一道包餡牛肉捲，由他親愛的莫妮卡特別為我們準備。

儘管菜名相當嚇人（alouettes sans tête，字面意思是無頭的雲雀），這其實是由牛肉薄片把鹹豬肉包在裡面捲起來，再用切碎的大蒜和歐芹調味，浸泡在橄欖油、乾白葡萄酒、高湯和番茄沙司中，最後以煮菜用的麻繩捆起來。看起來一點也不像雲雀，比較像一條華麗的香腸，但一些富有創意的法國廚師肯定認為雲雀聽起來比牛肉捲開胃，所以這個名字便流傳了下來。

莫妮卡把「無頭雲雀」端上桌，安德烈說那是他早上射到的。他是個沒有肢體動作輔助就無法開玩笑的人，用手臂推了我一下，差點把我撞進那盆普羅旺斯雜燴中。

無頭雲雀散發著熱氣和大蒜的味道，米樹覺得這道菜要配味道更強烈的酒。吉恭達斯是吃起司時配的酒，堆在桌尾的空瓶已經集到了兩位數。我問米樹下午有沒有工作，他面露驚訝。「我現在就在工作啊，」他說，「所以我才喜歡賣酒。再來一杯。」

沙拉上桌，然後是一個裝滿起司的竹籃托盤——肥厚的新鮮山羊起司圓塊、溫和的康塔爾起司，還有一個來自奧弗涅、口感綿密的聖內克泰爾起司圓輪。這給了安德烈靈感，他站到桌前，說了另一個笑話：有個來自奧弗涅的小男孩，有人問他最喜歡媽媽還是爸爸。小男孩想了一會兒，回道：「我最喜歡培根。」安德烈大笑起來。離他有段距離讓我鬆了口氣。

好幾球雪酪呈了上來，還有一個表層光滑的蘋果塔，但我已經吃不下了。

安德烈見我搖頭，衝著桌子吼道：「你非吃不可，吃了才有力氣，我們要玩滾球。」

喝完咖啡後，他帶我們到外面，參觀他在餐廳旁的圍欄中圈養的山羊。牠們擠在外屋的陰涼處，我很羡慕牠們，因為牠們沒有被要求在大太陽底下玩滾球，讓火辣辣的陽光刺入頭頂。不行。我的眼睛因為強光而刺痛，我的胃也很想躺下來好好休息。我找了個藉口，躺在一棵梧桐樹下的草地上。

安德烈在六點過後叫醒我，問我要不要留下來吃晚餐。晚餐有燉羊蹄和羊肚捲，他說，而且碰巧中午還剩下兩、三瓶吉恭達斯紅酒。我費了不少勁才脫身，並驅車回家。

我的妻子在泳池邊的陰涼處度過明智的一天。她看著疲憊不堪的我，問我玩得開心嗎？

「希望他們有準備東西給你吃。」她說。

7 跟X先生買松露

此次偷偷摸摸的生意始於來自倫敦的一通電話。打電話的人是我的朋友法蘭克，曾登上光亮的雜誌頁面，被描述成一位隱居的大亨。我還知道他是一位大師等級的美食家，對待食物毫不馬虎，跟那些政治狂魔一樣。在廚房的法蘭克就像嗅到氣味的獵犬，凝視著冒泡的平底鍋，滿懷期待地渾身顫抖。白豆燉肉濃郁的味道讓他昏昏欲睡。我妻子說法蘭克是她款待過最令她有成就感的客人之一。

當他解釋為什麼打來時，聲音帶有一絲驚恐。

「三月了，」他說：「我很擔心那些松露，不知道還有沒有剩？」

三月松露產季結束，附近的市場距離旺圖山山麓的松露村很近，但松露商人似乎銷聲匿跡了。我告訴法蘭克他可能晚了一步。

一想到眼前美食被剝奪的情景，他便陷入一陣可怕的沉默——沒有松露蛋捲、松露派和松露烤豬肉了。我們的通話因為失望變得沉重。

「有個人，」我說：「可能會有松露，我可以問問看他。」

法蘭克開心地叫出聲來。「太好了、太好了。只要幾公斤就好，我要把它們放在雞蛋盒裡冷凍起來。春天的松露，夏天的松露，只要幾公斤就好。」

以目前巴黎的價格，兩公斤新鮮的松露會超過一千英鎊。就連在普羅旺斯，繞過中間商，直接跟穿著沾滿爛泥的靴子和皮手套的獵人購買，也是一筆可觀的投資。我問法蘭克他是不是確定要兩公斤那麼多。

「不能缺貨，」他說：「反正你看能拿多少就多少吧。」

我與松露商唯一的聯繫方式是當地一家餐廳廚師在帳單背面用潦草字跡寫下的電話號碼。他跟我們說這個人在松露的事上很嚴肅，是個童叟無欺的人，而買賣松露這個陰暗的行當並不總是講求誠信，據說詐騙就跟艾克斯出太陽一樣普遍。我聽過把鉛彈和松露放在一起，抹上泥土增加重量的事，更糟糕的是從義大利進口品質不佳的貨當作法國本土松露出售。沒有可靠的供應商，就可能破財。

我撥了廚師給我的號碼，向接電話的男人提起他的名字。「啊，是的。」確認資訊後，我問他有多少貨。

我需要一些松露，有兩公斤嗎？

「哦啦啦，」那個聲音說：「你是做餐廳的嗎？」

不是，我說，我是為一個英國朋友買的。

「英國人？唉呀。」

他咂著嘴花了幾分鐘解釋，時節這麼晚了，想找到大量松露，有很多因素要考慮，X先生（他販售松露時的化名）答應我會帶他的狗上山看看能找到什麼。他會通知我結果，但不會很快。我必須耐心等他的電話。

一個星期過去了，然後在將近兩個禮拜後的某天晚上，電話打來了。一個聲音說：「我有你要的東西，我們明天晚上可以見面。」

他跟我約六點在卡龐特拉路的電話亭旁。他問我開哪個牌子、什麼顏色的車，還有一點很重要：他不接受支票。現金比較好，他說。（我後來發現這是松露買賣的標準做法。松露供應商不相信文書作業，不開收據，覺得支付所得稅很荒謬。）

我在快六點時抵達電話亭，路上空無一人，口袋裡有大把現金讓我感到很不自在。報紙上充斥著在沃克呂茲的鄉村小徑被搶劫和發生爭執的報導，據《普羅旺斯報》的犯罪記者稱，歹徒在外四處遊蕩，謹慎的市民應該閉門不出。

我在黑暗中帶著莎樂美腸[4]大小的五百法郎鈔票卷，彷彿一隻煮熟的鴨子插翅難飛，我到底在幹嘛？我在車上找尋防身武器，但我找到最好的東西是一個購物籃和一本老舊的《米其林指南》。

過了十分鐘，我才看到一組車頭燈。一輛凹陷的雪佛蘭廂型車噴著廢氣，停在電話亭的另一邊。我和司機隔著安全的距離偷偷打量著對方。他只有一個人，我便下了車。

我一直期待見到有著一口爛牙、穿著帆布靴、眼神兇狠的老農夫，但X先生很年輕，留著黑色短髮和整齊的小鬍子。他神色愉悅，甚至在跟我握手時笑了笑。

「天色昏暗你是找不到我家的，」他說：「跟我來。」

4 又譯「義大利香腸」，是一種用豬肉、牛肉或馬肉製成的風乾香腸。

我們驅車離開，偏離主要道路，開進一條蜿蜒曲折的石路，越來越深入山中。X先生開車的方式像開在高速公路上，我則在後面顛顛簸簸、搖晃得厲害。最後，他轉進一道狹窄的大門，停在一棟昏暗的屋子前，房子周圍有好幾叢橡樹灌木。當我打開車門時，一隻巨大的德國牧羊犬從陰影中出現，仔細地聞著我的腿，但願牠被餵飽了。

一進門，我便聞到松露的味道——那種成熟、帶著些微腐爛的氣味，可以穿過除了玻璃和錫製品以外的任何東西。即便是雞蛋，只要跟松露一起放在盒裡，吃起來也會有松露的味道。

而松露就放在廚房的桌上，堆在一個舊籃子裡，黑色、一顆顆疙瘩狀、既醜陋又美味、價格不斐的松露。

「你瞧，」X先生把籃子舉到我鼻子前，「我已經把泥巴刷乾淨了，吃之前不要洗。」

他走到一個櫥櫃前，拿出一臺老舊的磅秤，吊在卓子上方橫梁的鉤子上。他用手指一個一個捏了捏松露，確保沒有軟掉，然後將松露放到發黑的秤盤上，在秤重的同時，跟我聊了他的新實驗。他買了一隻小型的越南大肚豬，想訓練牠來找松露。豬的嗅覺比狗好，他說，但因為正常的豬體型跟一台小型曳引機差不多，不方便帶著隨行到旺圖山腳挖松露。

磅秤的指針左右晃動，落到了兩公斤上，X先生把松露裝進一個亞麻袋裡。他舔了舔拇指，數著我付給他的現金。

「很好。」他拿出一瓶渣釀白蘭地和兩個玻璃杯，我們便為預祝他的松露豬訓練計畫成功喝一杯。他說下個松露季我一定要跟他去看看這頭豬的訓練成果。這會是檢驗技術的一大進步——一隻超級豬。當我準備離開時，他給了我一把小顆的松露和他的蛋捲食譜，祝我去倫敦一路順風。

回家途中，我車上一直瀰漫著松露的味道。隔天，我的隨身行李也染上一股松露味，當飛機降落在希斯洛機場時，我準備拿我的包包去英國海關的X光機進行檢驗，頭頂的置物櫃便飄出一股濃烈的氣味，其他乘客好奇地看著我，然後慢慢地走開，彷彿我得了口臭末期。

當時正值英國衛生部官員埃德溫娜・柯里（Edwina Currie）的沙門氏菌汙染事件期間，我曾幻想被一群檢疫犬逼到牆角，並因為進口可能危害國家健康的外來物資被隔離。我試探性地穿過海關，沒有一個人聞到異樣。然而，計程車司機卻察覺到不對勁。

「天哪，」他說：「你帶了什麼？」

「松露。」

「喔，對，松露。死很久了，對吧？」

他關起隔板，讓我不用像平常那樣聽司機唱獨角戲。他把我送到法蘭克家後，特地下車打開後車窗。

那位隱居大亨親自出來迎接我，欣然接過松露。他把一個亞麻袋遞給晚宴的客人，一些人根本不知道自己聞的是什麼味道。接著他把在廚房的主廚叫出來，一個風度翩翩的蘇格蘭人，我一直認為他是大管家。

「我們要先處理這些，沃恩。」法蘭克說。

沃恩挑眉，仔細聞了聞，便知道袋裡裝的是什麼。

「啊，」他說：「新鮮的松露。明天的鵝肝加這個會很美味。」

X先生絕對會贊同。

時隔兩年再回到倫敦，給我一種奇怪的感覺。我感到格格不入，有一種陌生感，我對自己變化如此之大感到驚訝。或許是因為這裡是倫敦，大家總是無休止地談論金錢、房產價格、股票市場和各種公司雜事。幸好沒人遵循過去英國人喜歡抱怨天氣的傳統。至少這點從未改變，在這裡的每一天都在濛濛細雨中渡過，路上行人弓起身子，躲避落下的雨滴。車流幾乎停滯，但大部分架駛似乎不曾注意，他們忙著講話，談論關於錢和房產價格的問題。我想念普羅旺斯的陽光、空間和廣闊的天空，我意識到我再也不願回到城市生活了。

在去機場的路上，計程車司機問我要去哪裡，我告訴他後，他會意地點點頭。「我曾去過那裡，」他說：「弗雷瑞斯（Fréjus），住露營車，該死地貴。」

他收了我二十五英鎊，祝我假期愉快，並警告我要注意讓他對弗雷瑞斯印象變差的飲水問題。我那三天一直跑廁所，他說，我妻子高興壞了。

我搭飛機從冬天進入春天，抵達馬里尼昂（Marignane），輕鬆入境，我對此一直無法理解。馬賽以作為歐洲半數毒品的交易中心聞名，但旅客仍然能用手提行李攜帶大麻、古柯鹼、海洛因、英國切達起司或任何形式的違禁品，不必通過海關就能走出機場。就跟天氣一樣，這與希斯洛機場形成鮮明的對比。

X先生很高興聽到自己的松露有多麼受歡迎。

「你朋友是業餘愛好者？他只是真的很喜歡松露？」

對，我說，但他的一些朋友不確定能不能接受松露的氣味。

我幾乎可以聽見電話那頭的他聳了聳肩，松露這東西有點特別，不是每個人都喜歡，對喜歡的人而言越多越好。他笑了起來，聲音變得神祕兮兮。

「我有東西給你看。」他說：「我拍的電影，我們可以邊看邊喝渣釀白蘭地。」

當我終於找到他家時，那隻德國牧羊犬就像看到丟失已久的骨頭朝我撲來，X先生把牠叫走，用我曾經聽過獵人在森林裡呼喚狗的方式對牠發出嘶嘶聲。

「牠只是愛玩。」他說。這句話我也聽過。

我跟他進屋，走進涼爽、瀰漫著松露味的廚房，然後他在兩個厚底玻璃杯裡倒了渣釀白蘭地。叫我亞蘭就好，他用正統的普羅旺斯口音說：阿朗。我們走進起居室，百葉窗被拉下來遮陽。他蹲在電視機前，把一盒卡帶放進錄影機裡。

「看，」亞蘭說：「導演不是楚浮，但拍攝的是我朋友。現在我想再拍另一部，手法更專業。」

《男人的野心》片頭曲響起，螢幕出現一個畫面：兩隻狗爬上一座多岩石的山坡，後方是亞蘭的身影，旺圖山及其白色的山峰出現遙遠的背景中。接著標題浮現——「**我山的赫巴斯**」。赫巴斯是普羅旺斯語的松露，亞蘭解釋道。

儘管攝影師的手有點抖，剪片的手法也很突兀，但仍然頗引人入勝。畫面中，狗試探性地聞了聞，到處亂扒，使勁掘著地面，直到亞蘭把牠們推到一旁，小心翼翼地在鬆軟的土壤下摸索。每當他挖到一塊松露，狗都會得到一塊餅乾或一小塊香腸作為獎勵，鏡頭會突然拉近，特寫一隻沾滿泥土的手，拿著附著泥土的腫塊。鏡頭沒有錄製解說，但亞蘭講解了整個畫面。

「牠很會找，小的那隻。」畫面出現一隻嬌小、不起眼的狗嗅著一棵夏櫟樹的底部。「但牠老了。」牠開始挖地時，亞蘭便出現在鏡頭前。鏡頭拉近，特寫沾滿汙泥的狗鼻頭，亞蘭伸手把狗頭推開。他手指撫摸地面，撿起石頭放到一旁，耐心地挖出一個深約十五公分的洞。

鏡頭突然切換，跳出一隻雪貂長著尖尖鼻子、警覺的臉，亞蘭起身按下錄影機的快轉鍵。「那只是在狩獵，」他說：「但影片裡還有其他好東西，現在很少見了。很快就會成為歷史。」

當影片快轉到雪貂抵死不從地被放進旅行包裡時，他放慢了速度，畫面跳到了幾棵橡樹。一輛雪佛蘭二CV廂型車搖搖晃晃地開進鏡頭中停下來，一個戴著便帽、身穿鬆垮藍色夾克的老人下了車，對鏡頭笑了笑，慢慢地走向廂型車後方。他打開後車門，拿出一個粗糙的木製斜坡。他看著鏡頭，再次露出微笑，把手伸進後車廂。他直起身子，握著一條繩子的末端，又笑了笑，開始拉繩子。廂型車晃了晃，一個豬頭髒兮兮的粉色輪廓出現了。老人再次用力地扯了下，那個龐然大物搖搖晃晃地從斜坡滑下，抽動牠的耳朵，眨了眨眼。我有點期待牠學牠的主人看向鏡頭，但牠只是波瀾不驚地站在太陽底下，不受明星光環影響。

「去年，」亞蘭說：「那頭豬找到將近三百公斤的松露，一個頭好壯壯的傢伙。」

我簡直不敢相信，眼前這隻動物去年的收入比倫敦大多數高級主管還多，而且不必利用通勤時間工作就能賺到這麼多。

老人和豬彷彿隨意閒晃地走進樹林，冬日斑駁的陽光灑在兩個圓滾滾的身影上。當攝影機往下拉到一雙靴子的特寫鏡頭，並掠過前方空地時，畫面一下變暗。一個排水管大小、沾滿爛泥的鼻子伸進鏡頭中，那頭豬開始工作，鼻子有節奏地來回移動，耳朵在眼睛上方抖動，一心一意地翻著泥土。

隨著豬的頭猛然一抽，鏡頭往後拉，看見老人正拉著繩子。那頭豬不願離開那股明顯令牠十分嚮往的氣味。

「松露的氣味對豬來說，」亞蘭說：「很有性吸引力。這也是為什麼很難說服牠離開。」

老人完全拉不動繩子，他彎下腰，肩膀抵在豬側腰上，與其互相推擠，直到豬勉強走開。老人手伸進口袋，拿出某個東西塞進豬嘴。他絕對不會拿一口五十法郎的松露餵牠吧？

「那是橡實。」亞蘭說：「現在仔細看。」

老人跪著的身影從地上直起身，轉向鏡頭，伸出一隻手。手裡握著一顆稍微比高爾夫球大的松露，背景是老農夫的笑臉，陽光照在他的金牙上，閃閃發光。松露被放進一個沾了泥土的帆布包，豬和農夫便去到下一棵樹。鏡頭以老人伸出雙手的畫面結束，手裡滿滿都是裹著泥土的腫塊。那是整個早上辛勞的收穫。

我期待看到豬被拉回廂型車上，覺得這需要動更多腦筋、手段靈活加上很多橡實，畫面卻把鏡頭拉遠，以旺圖山為背景，搭配再次響起的《男人的野心》主題曲結束。

「普通豬的問題你也看到了。」亞蘭說。我的確有看到。「希望我的豬嗅覺靈敏，不要……」他張開雙臂表示體積龐大。「你來看看，牠有個英文名字，叫琵姬。」

琵姬的畜欄就在亞蘭兩隻狗的窩旁，體型幾乎不比一隻肥胖的柯基犬還大，牠一身黑毛、肚子圓滾滾的，個性害羞。我們倚在圍欄上看牠。牠發出哼叫，轉過身，蜷縮在角落裡。亞蘭說牠非常親人，現在松露季剛結束，有更多時間了，他會開始訓練牠。我問他要怎麼訓練。

「要有耐心。」他說：「我訓練這隻牧羊犬成為松露犬，即使這並非牠的本能。我認為豬也是可行的。」

我說我很想看看訓練的實際成果，亞蘭便邀我冬天選一天跟他一起去夏櫟樹叢挖松露。他和據說控制著沃克呂茲松露買賣的那些多疑且神祕的農民完全相反。亞蘭是個熱心腸的人，樂於分享他的熱情。

在我準備離開的時候，他給了我一張宣傳松露歷史里程碑的海報。在旺圖山山腳的貝端村（Bédoin），有人試圖創造世界紀錄，完成「金氏紀錄有史以來最大松露蛋捲」之創舉。統計數據令人震驚——大概是由一群身材高大的普羅旺斯居民，將七萬顆蛋、一百公斤松露、一百公升的油、十一公斤的鹽和六公斤胡椒放入一個直徑十公尺的煎蛋鍋裡。全部收益將捐給慈善機構。那將是值得紀念的一天。亞蘭說，就連現在，居民也在協商採購一批新的水泥攪拌機，在沃克呂茲最出色的廚師監督下，用攪拌機以一致的速度攪拌原料。

我說這種活動通常與松露產業並不相關。這太公開、太引人注目了，一點也不像傳聞中發生在市場和私下的黑幕交易。

「啊，那個呀，」亞蘭說：「確實有一些人很狡猾……」他做了個蠕動的手勢。「……像蛇一樣。」他看向我笑了笑。「下次我再跟你聊。」

他向我揮手道別，我開車回家，不知道是否可以說服法蘭克從倫敦來一趟，見證試圖創造煎蛋捲世界紀錄的那一刻。這是他會喜歡的美食怪談，當然，大管家沃恩也要來。我彷彿能看到他穿著一身完美的松露服，在攪拌原料時出聲指揮：「麻煩你，那裡還有一桶胡椒，兄弟。」或許我們可以為他準備一頂氏族花呢格紋廚師帽，搭配相稱的三葉草。我發現我不該在下午就喝白蘭地，酒精讓我的大腦變得怪怪的。

8 花園裡的拿破崙

我家游泳池一頭，放著長長一堆雜物，是建築工人在整修房子期間留下的各式各樣紀念品——瓦礫塊、碎石板、老舊的電燈開關、磨損的電線、空啤酒罐和碎瓷磚。迪迪耶和克勞德說好會開空卡車來把這些屋瓦殘片載走。這塊地整理乾淨後會變得很漂亮，我們就可以按計畫種上玫瑰花叢。

但不知為何，空卡車從未出現，不是克勞德的腳趾骨斷了，就是迪迪耶正忙著在阿爾卑斯山區處理廢墟，紀念品堆就一直留在泳池盡頭。隨著時間的推移，這堆假山開始漸有起色，被一層綠油油的雜草覆蓋，還開滿了罌粟花。我對妻子說，這片景物雖然不在我們的預想範圍內，倒也滿迷人的。她不這麼認為。她說，玫瑰花鐵定比瓦礫和空酒罐更好看。於是，我開始清理這堆東西。

說實在的，我喜歡體力勞動的感覺，享受把一堆雜亂無章的廢物整理得井然有序的滿足感。幾個星期後，我終於把那塊地清空，帶著長了水泡的雙手功成身退。我妻子很高興，她說現在只需要挖出兩條深溝，準備五十公斤的肥料，就可以種玫瑰花了。她開始翻閱玫瑰花目錄，我則去稍微處理手上的水泡，並買了一把新的鶴嘴鋤。

我從堅硬的地面挖鬆了大約三公尺厚的泥土，突然在草根處看到一個老舊但黃澄澄的東西在閃爍。一定是某個農夫在多年前一個炎熱的下午，喝完茴香酒，隨手把瓶蓋扔在這裡。但當我鋤開泥土時，才發現根本不是什麼舊瓶蓋，而是一枚硬幣。我用軟管接水沖洗，那枚硬幣頓時在陽光下閃著黃金的光輝，水滴順著硬幣上的鬍鬚輪廓滑下。

這是一枚一八五七年的二十法郎硬幣。一面是拿破崙三世的頭像，留著整齊的山羊鬍，名字旁邊以雄赳赳的字體刻上他的頭銜：**皇帝**；背面則是月桂花冠，冠上「**法蘭西帝國**」的字樣。錢幣邊緣則是每個法國人都知道且深信不疑的名言：**天佑法國**。

我妻子跟我一樣興奮。「可能還有更多，」她說：「繼續挖。」

十分鐘後，我找到第二枚硬幣，是另一個二十塊法郎。這枚硬幣的年分是一八六九年，歲月似乎不曾在拿破崙的輪廓上留下任何痕跡，除了他頭上戴了一個花冠。我站在我挖的坑裡，粗略地算了一下，大概還要往下挖二十公尺。以目前一公尺一枚金幣的速度，我們最終可以挖到滿滿一口袋的拿破崙金幣，甚至夠去萊博鎮（Les Baux）的鮑曼尼埃餐廳吃頓午餐了。我繼續揮舞著鋤頭，越挖越深，挖到手都脫皮了，盡情揮汗，希望能再看到拿破崙金幣的閃光。

一天下來，我沒有變得多有錢，只挖了一個深坑，足以種下一整棵大樹。

我相信明天一定能挖出更多寶藏，沒有人會可憐巴巴地只埋下兩枚硬幣，這些硬幣一定是從裝得滿滿的袋子掉出來的，絕對還埋在附近，這是一筆留給不想工作的園丁的橫財。

為了估算這筆錢的價值，我們請教了《普羅旺斯報》金融版的專家。在一個人們習慣將積蓄換成黃金並藏在床墊下的國家裡，一定有一份黃金對價表。結果介於一公斤金錠和墨西哥幣五十披索之間：目前一枚拿破崙二十法郎金幣值三百九十六法郎，如果錢幣上的頭像完好無損的話，就更值錢了。

從來沒有人會這麼使勁地挖東西，理所當然引起了福斯坦的注意。他正打算去清除葡萄藤上的黴菌，停下來問我在幹嘛。我回答種玫瑰花。

「真的嗎？那玫瑰肯定很大株，才需要這麼大的洞。是從英國來的玫瑰樹嗎？在在這裡種玫瑰很難，到處都是黑斑病。」

他搖搖頭，看得出來他想先讓我做好最壞的打算。福斯坦遭遇過各種自然災害，非常樂意把這方面的深層知識分享給任何蠢到對未來保持希望的人。為了讓他高興，我把金幣的事告訴他。

他蹲在壕溝旁，把沾到防黴劑、染成藍色的帽子往後推，以便聽得更清楚些。

「正常情況下，」他說：「在找到一、兩枚金幣的地方，往往代表還會有其他的金幣，不過這裡可不太好藏東西。」他揮動棕色的大手掌，指著房子的方向。「藏在井裡會更安全，或是煙囪後面。」

我表示這些金幣也許是急急忙忙隨便藏的。福斯坦又搖了搖頭，我明白他不能接受「急忙」這種想法，尤其牽扯到藏黃金的事。「若是農夫，絕對不會慌成這樣，至少面對拿破崙金幣時會很謹慎。這些金幣只是運氣差，不小心掉在這兒的。」

我說，對我而言已經算好運了，他便一臉鬱悶地回到葡萄園裡解決災害的問題。

日子一天天過去，我手上的水泡越長越多，溝也越挖越長、越來越深。拿破崙金幣的數量卻維持在兩個。但沒道理呀，沒有農夫會把金幣放在口袋裡去田裡幹活。寶藏一定就在附近，就離我站的地方不遠。

我決定去問問自認通曉普羅旺斯所有事的山谷專家——聰明、貪心、生性狡猾的馬索。如果這世界有人只要觀察風向，朝地上吐吐口水，就能猜出狡猾的老農夫把他的畢生積蓄藏在哪裡，那一定非馬索莫屬。

我穿過森林去到他家，他的狗聞到我的氣味，發出低沉的吼叫。我知道總有一天，牠們絕對會掙斷鎖鏈，咬傷山谷裡所有生物。但願在這之前，馬索能如願賣掉他的房子。

馬索慢慢穿過被他稱為前院的花園，光禿禿的一片，長滿雜草，隨處可見狗大便。透過陽光和他嘴上的雪茄冉冉升起的煙霧，他抬起頭，瞇著眼睛看我。

「你是來散步的？」

不，我說。今天我是來尋求建議的。他咕噥一聲，朝他的狗踢了一腳，要牠們安靜。我們分別站在隔開他家和林間小路的生鏽鐵鏈兩側，距離很近，我能聞到他身上散發出大蒜和黑菸草味。我告訴他有關兩枚金幣的事，他把菸從下唇拿下來，檢查潮濕的菸頭。他的狗在一旁扯著鐵鏈走來走去，發出低吼。

他把香菸夾在髒兮兮的鬍子一端，朝我湊了過來。

「你還跟誰說過？」他越過我的肩膀四下張望，彷彿是在確認這裡只有我們兩個人。

「我太太，還有福斯坦，就他們兩個。」

「別再告訴任何人。」他說，用滿是汙垢的手指敲打鼻翼。「那裡可能還有更多金幣，這件事就只有你跟我知道。」

我們沿著小路往回走，好讓馬索看看我找到那兩枚金幣的地方，他趁機告訴我為什麼全國上下都對金子這麼狂熱。他說，政客就是始作俑者，從大革命以來，先後歷經皇帝、戰爭和無數個總統上任——這些人大多數都是白痴，只知道爭權奪利——或許會讓一百法郎在一夜之間變得分文不值。難怪連頭腦簡單的農夫都不相信巴黎那些混蛋們印的廢紙。不過，黃金嘛——馬索伸出手來，用手指比劃出一堆想像的拿破崙金幣——黃金永遠是最好用的，尤其在戰亂的時候。最好用的黃金，就是死人的黃金，因為死人不會說話。馬索說，我們倆運氣多好，有這種機運。看來我多了位合夥人了。

我們站在壕溝裡，馬索捻著鬍子環顧四週。地面平坦，有的地方種薰衣草，有的地方長滿雜草，找不到一個明顯可藏東西的地方，但馬索認為這是個好兆頭：如果藏在顯眼的地方，早在五十年前就被人發現，「我們」的黃金就不復存在了。他爬上來，以步測的方式走到井邊，然後坐在石壁上。

「可能埋在這裡某個地方。」他說，手臂往方圓五十公尺的範圍一揮。「這麼大的地方，你一個人根本挖不完。」我們的合夥關係顯然不包含分擔勞力這部分。「我們需要一台金屬探測器。」他用手臂模仿金屬探測器掃過草地，發出咔噠聲。「好啦，這樣一定找得到。」

「怎麼辦，這個該怎麼辦？」馬索用食指搓搓拇指，做出金錢國際通用的手勢。到了該談生意的時候了。

我們達成協議，挖溝的事我來搞定，馬索負責去租高科技的金屬探測器來。最後只剩合夥人的分成比例還沒決定。我認為使用金屬探測器耗費的體力不多，百分之十已經很合理了，馬索卻主張應該各拿一半。因為他得開車去卡瓦永拿金屬探測器，發現金子後也得分擔挖掘的工作，最重要的是，我可以放心有這麼一個值得信賴的工作夥伴，不會到處宣傳我們新的致富管道。馬索表示，所有事都必須守口如瓶。

我看著他衝我微笑點頭，心想要在馬賽監獄外的世界找一個讓人更不放心的老流氓都很難。百分之二十，我說。他皺了皺眉，嘆了口氣，指責我小氣，最後我們說定百分之二十五，握手成交。他走之前，還往壕溝吐了口口水祈求好運。

幾天後，我才又見到他。我挖好了壕溝，灑了肥料，還訂購了玫瑰花。送玫瑰花來的人跟我說我挖得太深了，問我為什麼，但我絕口不提。

普羅旺斯居民普遍討厭任何形式的社交規劃，他們更喜歡突如其來出現在門前，讓你措手不及，絕對不會先打個電話確認你是否有空。他們到來的時候，總希望你能抽空跟他們喝杯酒，在表明來訪目的前，先寒暄一會兒。而如果你表示自己有事要外出，他就會想不通，幹嘛這麼急？才半個小時，不過是遲到而已，很正常呀。

那天傍晚時分，我們聽到一輛廂型車停在屋外的聲音。我們正要去古爾

（Goult）的朋友家裡聚餐，所以打算在訪客進門坐進吧檯前，出去打發他。

只見廂型車的後門敞開，車身搖搖晃晃。裡面傳來翻東西的聲音，「砰」的一聲，好像有東西掉到地上，接著是一聲：「媽的！」是我的生意夥伴，他正和卡在駕駛座後防止狗跑到前座的金屬柵欄上的鋤頭較勁。最後他用力一拉，鋤頭被抽了出來，馬索從後門掉了出來，比他預料的還快一點。

他身穿迷彩褲、暗褐色毛衣，頭上戴著一頂草綠色軍帽，全身上下都是過時的裝備。他看起來很像一個待遇不高的雇傭兵。他把工具從車上卸下來放到地上——一把鶴嘴鋤、水泥匠用的那種長柄鏟子，還有一個用舊麻布袋包著的東西。他四處張望，看看有沒有人在，然後打開麻袋，露出一台金屬探測器。

「瞧！這可是最先進的，能探測到地下三公尺。」

他啟動開關，在他的工具上揮舞。果不其然，探測到一把鏟子和一把鶴嘴鋤，猶如一副受刺激的假牙般，發出嘎嘎響聲，馬索非常滿意。「看到沒？只要一測到金屬就會響，比隨便挖好多了吧？」

我說這儀器的確厲害，我會好好把它鎖在屋裡，等到明天天亮。

「明天？」馬索說：「我們得現在動工。」

我說再過半小時天就黑了。馬索耐心地點點頭，好像我終於明白一個非常複雜的理論。

「對啊！」他放下金屬探測器，抓著我的手臂。「我們可不希望被人發現，對吧？這種事最好在晚上進行，比較謹慎。來！去拿工具來。」

我說還有一些困難，我和我太太正要出門。

馬索停下動作，直盯著我看，眉毛高高聳起，一臉震驚的樣子。

「出門？今晚？現在？」

我妻子從屋裡叫我，說我們已經遲到了。馬索聳聳肩，對我們奇怪的時間觀念不以為然，不過他堅持今晚就要動手，哀怨地表示他得一個人完成所有事，問我能不能借他手電筒。我向他示範怎麼打開水井後的聚光燈，他調整了一下，讓燈照著玫瑰花床旁的區域，嘴裡還生氣地咕噥著我們不該丟下他一個人。

我們開離車道時，停下來，回頭看了看馬索，他那拉長的影子在燈火通明的樹叢間晃動。金屬探測器的滴答聲在夜裡聽來格外清晰，我開始擔心起我們合夥事業的保密性，感覺我家車道上已經豎起一塊大大的標示牌，寫著「淘金中」。

晚餐時，我們把稍微在黑夜掩護下進行的尋寶活動告訴朋友。在呂貝宏長大的男人對此並不樂觀。他告訴我們，金屬探測器剛開始流行時，比獵犬還受農夫歡迎。雖然的確有人找到黃金，但現在這個地區早已被徹徹底底地翻遍了，馬索運氣好的話，還能找到一個馬蹄鐵。

即便如此，他也無法否認我們確實找到了兩枚拿破崙金幣。兩枚金幣就放在他面前的桌上。他拿起來放在手中叮噹作響。誰知道呢？也許我們不錯，也許馬索運氣更好，把我們蒙在鼓裡。那傢伙能相信嗎？我和妻子對視了一下，決定立刻打道回府。

我們回到家時剛過午夜，馬索的廂型車已經不在了。聚光燈也被關掉，但憑藉月光的亮度，就足以讓我們看見一大堆土石，堆在我們打算鋪草坪的地方。我們決定明早再清理現場。

眼前的情景就好像有隻因為幽閉恐懼症而抓狂的巨大鼹鼠鑽到地面上來透氣，吐出滿嘴的金屬。到處都是鐵釘、車輪緣的碎片、古老的螺絲刀、半把鐮刀、地牢的舊鑰匙、銅製的步槍殼、螺栓、瓶蓋、鋤頭殘骸、刀片、篩子的底部、鐵線捲成一團做成的鳥巢和一些生鏽的小零件，唯獨沒有黃金。

大部分剛種的玫瑰花都倖免於難，薰衣草苗床完整無缺。馬索大概耗盡力氣了。

我決定讓他睡到中午，才去找他問清楚昨晚的情況。還沒到他家門，我遠遠就聽到金屬探測器的聲音。我足足大吼兩聲，才讓正在探測荊棘山丘的他抬起頭來。他露出一口可怕的牙齒，向我表示歡迎，我很驚訝地看到他這麼高興，也許他真的有找到東西。

「你好！」他把金屬探測器像槍一樣扛在肩上，艱難地穿過矮樹叢，笑嘻嘻地朝我走來。我說他看起來像是運氣不錯的樣子。

還沒呢，他說。昨晚因為我的鄰居大聲抱怨噪音，他不得不停工。我不懂，鄰居家明明離他尋寶的地方起碼兩百五十公尺遠的距離，他到底幹了些什麼才會把他們吵醒？

「不是我。」他說：「是它。」他輕輕敲了敲手中的金屬探測器。「不管我走到哪，它總能測到東西，一直嗞嗞、嗞嗞的發出聲音。」

但都不是金子，我說。

馬索忽然湊過來，害我差點以為他要親我。他鼻子抽動，壓低嗓音。「我知道金子在哪裡。」他靠回去，深吸了一口氣。「真的，我知道在哪了。」

儘管我們站在森林裡，方圓一．五公里內絕對沒有人煙，但馬索對被偷聽的擔憂是會傳染的，我發現自己也不自覺降低音量。

「在哪裡？」

「泳池盡頭。」

「玫瑰花下面？」

「石板下面。」

「石板？」

「真的，我打包票，以我奶奶的頭做擔保。」

這件事並不像馬索說的是個好消息。游泳池周圍的石板幾乎有八公分厚，鋪在和石板一樣厚的強化水泥上。光是打到底，就是一項浩大的工程。馬索察覺到我在想什麼，便放下金屬探測器，這樣他就可以用手加強語氣。

「在卡瓦永，」他說：「可以租到採石工人用的那種電鑽。什麼東西都可以打穿。」

他說得很對。用迷你電鑽就能快速打穿石板、強化水泥層、供水的管線和從過濾馬達延伸的電纜。只要「噗」的一聲，或甚至是「碰！」，一切都搞定後，我們就能輕易發現收藏中多了一塊鐮刀碎片。我說不行，非常抱歉，但就是不行。

馬索接受我的決定，我帶了瓶茴香酒給他，以彌補我給他帶來的麻煩。不過我常常看到他站在房子後的小路上，低頭看著游泳池，若有所思地捻著鬍子。天曉得萬一哪天他喝醉酒，湊巧手邊又有一部別人當作聖誕禮物送給他的金屬探測器，不知道會做出什麼事來？

9 《時尚》如是說

或許是因為還留有先前在外流浪、餓肚子的記憶，波伊總是盡可能地把握任何討好我們的機會。牠會時不時帶禮物回家——從樹上掉落的鳥巢、葡萄藤根、牠珍藏許久咬過的布鞋、樹林咬來的大把雜草等，然後慷慨地把這些東西任意地扔在餐桌底下，自認為可以討我們歡心。牠會幫忙做家事，結果地上到處都是樹葉和泥爪痕。牠在廚房幫忙時，像是會移動的容器，隨時等著接收從上方掉下來的任何碎屑。牠老愛黏在一旁，發出種種噪音，笨拙地想引起我們注意。

牠不僅極力想討好我們，還有一套自己歡迎客人的儀式，雖然是出於善意，卻太過奇特。只要有人進門，牠就會把常咬在嘴裡的網球吐掉，再把同樣巨大的頭埋進任何進門的客人胯下。這是牠展現雄性威風的握手方式，我們的客人似乎也接受了。他們會繼續聊天，波伊在履行他的社交禮儀後就退到一邊，窩在離牠最近的客人腳旁。

嚴格說起來，客人們對這種歡迎儀式的反應，會隨著季節變化而有不同。冬天的訪客往往跟我們一樣，長年住在呂貝宏，對於鑽進胯下的狗頭，他們要嘛置之不理，要嘛拍拍牠的頭，把沾在舊燈芯絨褲上的枝葉潑掉，不受干擾地繼續喝酒。如果客人一進門就嚇個正著、酒水灑了滿地都是，驚慌地試圖擋住一直往乾淨的白襯衫上聞個不停的鼻子時，我們就知道夏天到了。還有隨之而來的夏天遊客。

每年都有許多遊客為了享受陽光和恆久不變的美景而來，最近又多出兩個吸引遊客的地方。

第一項較為實際：普羅旺斯的交通越來越便利。據說從巴黎到亞維儂將開通 TGV 高速列車，可將原本已經夠快的四小時路程再縮短半個小時。鎮外的小機場正在擴建中，很快就會升級為亞維儂國際機場。馬賽機場前方豎立了一座巨大的綠色自由女神像，宣布每週將有兩次往返紐約的直飛航班。

與此同時，普羅旺斯再次被世界「發現」——除了整個普羅旺斯，連我們會買菜、逛街的市鎮都受到世人矚目。時尚就這麼突然降臨到我們身上。

被俊男美女奉為聖經的《女裝日報（Women's Wear Daily）》專門介紹紐約流行的裙襬長度、胸圍大小和耳環重量等等，去年開始冒險進入聖雷米和呂貝宏市場。上面刊登大量的照片，全是夏天前來度假的屋主們擠壓茄子、啜飲基爾酒、欣賞精心修剪的柏樹的鮮明影像，然後和隨行的攝影師一起沉醉在快樂樸實的鄉村生活中。

美國版的《時尚（Vogue）》是全世界最辛辣的一本雜誌，在滿滿的香水廣告裡，夾雜了一篇介紹呂貝宏的文章，這篇文章被放在雅典娜占星的星座運勢和另一篇巴黎小餐館的最新動態中間。在文章的序言裡，用了短短兩行將呂貝宏描述為「法國南部的祕密」，又突然變成全法國最時髦的地區。這兩件相互矛盾的事是怎麼扯在一起的，就只有妙筆生花的副主編能解釋了。

當然啦，法國版的《時尚》雜誌編輯也參與製造這個祕密。事實上，他們在文章出爐前便了解此一情況，並在序言裡明確地告知了讀者。他們以一種微妙厭世的脈絡，首先宣稱呂貝宏完蛋了，再貶低一、兩句，為這個地方安上諸如勢力、昂貴之類的罪名，換言之就是——落伍。

他們真的這樣認為嗎？當然不可能，呂貝宏不僅不落伍，顯然還吸引著眾多巴黎人和常常被《時尚》雜誌稱為名人的外國旅客。（多久來一次？每週一次？兩週一次？文章沒有提到。）然後，我們就有了見到這些名人的機會。《時尚》雜誌邀請大家一起深入這些名人的私生活。

再見，隱私權。在接下來的整整十二頁中，我們看到的都是這些所謂的名人照片，他們的孩子、養的狗、庭院、朋友以及游泳池。雜誌裡還刊登了一張「法國名人錄」的地圖，標示出居住在呂貝宏的風光人物是怎麼試圖隱藏自己，但很顯然並未成功。藏匿行蹤簡直是不可能的事。這些可憐的傢伙甚至連好好游個泳、喝杯酒都不行，到處都有躲在樹叢裡、為了滿足讀者而拚命拍照的記者。

在這些藝術家、作家、設計師、政客和企業大亨的照片中，夾雜了一號人物，據下面的附文稱，此人對當地的房屋瞭若指掌，而且有能耐同時接受三人的晚宴邀約。讀者或許會認為這傢伙只是幼時家境清寒，或者對吃有貪得無厭的渴望，其實不然。這位仁兄有正當職業，他是一名房產經紀人。他需要知道誰要買屋，誰在賣房，所以一日三餐根本沒辦法滿足他搜集客源資料的需求。

房產經紀人這一行在呂貝宏非常吃香，特別是該地區正步入上升期。房產價格就像塞了三頓晚餐的胃，甚至連短暫居留的我們都曾親眼目睹這裡的房價毫無道理地飆漲。我有個朋友看上了一棟漂亮的舊廢墟，只剩半邊屋頂和幾畝地，售價就要三百萬法郎。而有些朋友不想翻修，決定自己重建，聽到估價要五百法郎後，震驚了整整一個禮拜。那麼在一些受歡迎的村子裡，有潛力的房屋售價又是多少呢？一百萬法郎。

一般說來，儘管仲介費比例浮動很大，但還是會跟著這些很多位數的房價一路攀升。就我們聽說過的，仲介費從百分之三到百分之八不等，有時由賣方負擔，有時則由買方負擔。

對外行人而言，這樣的謀生方式看起來似乎很愜意，日子也可以過得很舒服。看房一直都很有趣，接觸到的買家及賣家也不遑多讓（雖然他們有時候不太誠實可靠，但至少不並愚蠢）。作為一種行業，在一個令人嚮往的地方做房產銷售，理論上能讓你在茶餘飯後找刺激，賺點外快打發時間。

但從事這一行並非沒有問題，首先要面臨的就是競爭。在沃克呂茲省的電話簿上，房地產仲介和房產廣告就占了將近六頁——時尚的、有個性的、有特色的、高品質的、精選的和迷人的，各式各樣的類型都有。想買房的人面臨這麼多選擇，往往眼花撩亂，被一堆專業術語搞得一頭霧水。「時尚」和「有個性」的差別在哪裡？買房子應該選擇「有特色」還是把目光放在「精選」上呢？唯一解決的辦法就是帶著你的夢想和預算，找一位房產經紀人，花一個早上、一天甚至一個星期，去看看目前正在出售的城堡莊園、農舍、迷人的住宅和華而不實的房屋。

在呂貝宏要找一名房屋仲介就跟買肉一樣簡單。以前，像貝特杭老太太要賣掉老農場，或者有人過世而空出房子來這樣的事，只有村裡的公證人知道。現在，公證人這種為人物色房屋的角色功能，很大程度上已經被房屋仲介取而代之，幾乎每個村子都有這麼一號人物。梅內爾伯有兩位，博尼約有三位。較為先進的戈爾代（Gordes）據最新統計有四位。（我們就是在戈爾代目睹業內的競爭。一名仲介在城堡廣場的停車場發傳單，另一名仲介遠遠地尾隨其後，把擋風玻璃上的傳單拿下來，換成自家的傳單。很可惜地，我們趕時間，來不及看到後面是否還有第三、四位仲介躲在牆後伺機而動。）

剛開始的時候，這些經紀人無一例外都表現得非常熱心、樂於助人，手裡準備了許多吸引人的照片資料，其中有些標價實際上不到七位數。一問起來，卻總是剛剛出售，但還有其他的房子呀——比如磨坊、女修道院、牧羊人石屋、宏偉的住宅、塔樓和大小、形狀不一的農舍。有這麼多選擇！這還只是其中一名房仲提供的呢。

倘若你又去找了第二、三位房仲，可能會有似曾相識的感覺。大部分房產都有雷同之處。無庸置疑，這些照片是從不同角度拍攝的，就是你在前一份資料上看到的磨坊、修道院和農舍。因此，呂貝宏所面臨的第二個問題就是房源不足。

呂貝宏大部分地區都嚴禁蓋房子，由大家彼此監督，農民們除外，他們似乎可以隨意建造；因此，自稱擁有許多房產資料的仲介所能提供的物件就很有限了。這種狀況正好激起了他們的獵屋本能，很多仲介在冬天業務較少的淡季時，會整天開車四處閒晃，睜大眼睛、豎起耳朵去留心即將出售、尚未被發掘的寶藏。假如消息正確，仲介手腳又快，憑藉三寸不爛之舌，就有機會獨占這門生意，賺取全額佣金。然而，結果通常是賣家會委託兩到三名仲介，讓他們自己去解決如何分配抽成的棘手問題。

接下來還有更多問題。比如是誰負責介紹客戶該物件？誰先帶客戶去看房？這些仲介也許就被迫合作，但終究藏不住競爭的氣息，只要在分配上有點小誤會，就會暴露無遺，紛紛指責、反控、在電話中爭吵或是譴責對方缺乏職業道德，甚至使出殺手鐧，讓客人來評斷——以上種種不愉快的因素會大大影響雙方對於合作的深切期盼。這也是為什麼昨日還是戰友，今日就成了偽君子。這很糟糕，然而……

仲介還得背負更沉重的壓力，也就是他們的客戶種種乖張和不老實的行為。是什麼讓表面值得信賴、受人尊敬的小魚，變成兇猛的大白鯊呢？金錢當然是一個重要原因，同時作祟的還有要殺價到最後一分鐘的毅力，到最後，成交價是多少已經不重要，重點反倒是想爭個輸贏，在談判中勝過對方，其結果就是仲介夾在中間，左右為難。

任何交易都會在價格上爭執不休，舉世皆然。但呂貝宏當地的複雜性，又將這攤協商的渾水攪得更濁。一般情況下，潛在買家是巴黎人或外國人，潛在賣家則是當地農民。雙方在交易的態度上有極大的差異，結果就是每個跟交易有關的人都會在好幾個禮拜或好幾個月內，一而再、再而三被惹火。

在農夫的觀念裡，他們不把「答應」當作一種「承諾」，假如一個農夫要賣他奶奶的老農舍，開價一下就被接受，沒有任何討價還價的話，他就會心生疑慮，懷疑自己開出的價格是否低於市價。這會讓他日後後悔不已，他妻子肯定會在他耳邊嘮叨鄰居賣的價錢比他好。如此一來，當買方以為這筆交易已經成交時，賣家卻還在重新考慮。調整是免不了的，農夫會安排時間重新跟仲介碰面，闡明某些細節。

他告訴仲介，他忘了提到房子隔壁那塊地不包含在售價裡，上面不巧有口水井，而且水源充足。不是什麼大事啦，但他覺得還是提出來較好。

買方自然大吃一驚。那塊地毫無疑問應該包含出售價中。事實上那是唯一一塊可用來蓋網球場的地。他們的沮喪讓一副無所謂的農夫一覽無餘。誰管什麼網球場？不過他是個同情達理的人，儘管他不願意割捨這塊肥沃寶貴的土地，他倒願意聽聽買方的出價。

買主們往往沒有耐心，而且時間緊迫。在巴黎、蘇黎世或倫敦工作的人哪有時間每隔五分鐘就飛到呂貝宏看房子。作為賣方的農夫恰好相反，一點也不著急。他哪裡也不去，如果今年房子賣不出去，他可以提高價格，明年再賣。

經過你來我往的商討後，房屋仲介和買方越來越氣憤，但最終交易還是能談成。新屋主試著將一切不愉快拋諸腦後，畢竟房子不錯，是個理想的家。為了慶祝買房成功，他們決定去野餐，花上一天好好逛逛新屋，再計畫一下要怎麼裝潢。

只是，往往事與願違，浴室裡一個有四個腳爪的鑄鐵浴缸不見了。買主打電話給房屋仲介，仲介又致電農夫，浴缸去哪兒了？

浴缸？我那上天堂的奶奶的浴缸？我們家傳的浴缸？應該沒人會把這麼稀有珍貴、頗有紀念價值的東西跟房子一起賣掉吧？不過他是個通情達理的人，也許開個好價錢能打動他。

這類的意外使買家簽下契約前格外小心。在房屋正式到手前，有時候他們不得不像律師般謹慎行事，開出詳細的財產清單，包括百葉窗、門環、廚房水槽、儲藏室裡的木頭、地板上的瓷磚和花園有幾棵樹等等。但只要對方想反悔，無論有多少清單，也抵擋不了農夫在最後一刻的狡辯。

由於擔心更糟的事情發生，買方甚至會聘請當地的法警或法務人員。他的任務就是證實馬桶後方的衛生紙架是否確實是賣方留下的。試想看看，法警和賣方擠在密閉的廁所裡履行正式的手續：「舉起右手，跟我覆誦一遍：我鄭重宣誓，放棄下列完整及功能齊全的配件……」真是難以想像。

儘管這種事層出不窮，這裡的房子仍以十年前難以想像的價格出售。最近我聽說一位房屋仲介將普羅旺斯包裝為「歐洲的加州」大肆推銷，不僅因為兩地氣候類似，更因為一些無從定義且難以抗拒的魅力：起源於加州的生活風尚。

據我所知，所謂的生活風尚就是透過將農村社區搖身一變高級的度假勝地，盡量引進多種都市設施，假如有多的空地，就蓋個高爾夫球場。如果這種轉變是發生在普羅旺斯地區的話，我大概沒搭上風潮，所以我問房屋仲該去哪裡才能一探究竟。離這裡最近的生活風尚中心在哪裡？

他看著我，彷彿我一直躲在時空隧道裡。「你最近沒有去戈爾代嗎？」他說。

我們第一次去戈爾代是在十六年前，在附近眾多的美麗村莊中，那裡的風景最壯觀。蜜糖色的村鎮座落在山峰上，視野非常遼闊，從平原到對面的呂貝宏都盡收眼底，那裡就是房屋仲介口中的寶石，好似一張栩栩如生的風景明信片。有文藝復興時期的城堡、鋪著長形石板的狹窄街道，和所有未經破壞的村子一樣，公共設施再質樸不過了。一間肉鋪、兩間麵包店、一棟簡陋的旅館、破舊的咖啡館以及郵局，從辦事員一成不變的傲慢態度來看，我們可以確定這間郵局只有他一個人。

村子後面的鄉野長年布滿橡木叢和松樹，加上石牆圍起的小路，構成一幅美景。除了樹林間偶爾瞥見的舊瓦礫屋頂，可能步行好幾個小時也不會發現房子的存在。據說蓋房子在這個地區受到嚴格的管制，應該說是被禁止。

那已經是十六年前的事了。如今的戈爾代從遠處看，美麗依舊不減。但當你到達村莊入口時，歡迎你的會是一整排路標，全在宣傳飯店、餐館和美髮沙龍——唯獨沒有公共廁所。

路邊每隔一段就豎著一根仿十九世紀的路燈，尖尖的造型在周圍風化的石牆和房屋旁顯得格格不入。轉個彎，村子便映入眼簾，開進村的車至少會有一輛停下來，讓司機和乘客能拍照留念。來到入村前的最後一個轉角，一大片空地被鋪上柏油，建成停車場。如果你決定不管它，繼續把車開進村，多半得再折回。因為城堡廣場現在也同樣鋪上柏油，停滿來自歐洲各地的汽車。

老飯店猶存，只是隔壁又開了家新飯店。往前幾公尺，有一個寫著「西德尼快餐」的標誌，然後是 Souleiado 精品店，而昔日破舊的咖啡館現在變得乾淨時髦。事實上，所有東西都煥然一新，郵局裡那個脾氣乖戾的老人已經退休，公共廁所拓寬了，村鎮已經不是當地居民的村鎮，反而擠滿了觀光客。到處都可以買到證明來過這裡的戈爾代T恤。

繼續往前一公里左右，是另一家飯店，高高的圍牆擋住路人的視線，還設置了直升機停機坪。禁止在矮樹叢地建蓋房子的法規已經放寬，一個碩大的英文廣告牌寫著豪華別墅，裝有電子安全大門，並附有全套衛浴設備，售價兩百五十萬法郎起跳。

目前還沒有看到《時尚》雜誌上名人們的住處標示，所有大型遊覽車載著遊客前往十二世紀的塞南克修道院途中，只好一路猜測他們看到的半遮半掩的房子是誰的。說不定哪一天，某家有遠見的公司會製作一張像好萊塢指南般的明星豪宅地圖，這樣一來，我們就真的離加州越來越近了。到那時，按摩浴缸和慢跑者的異國情懷將不再吸引人，山谷間會因為迴盪著網球碰撞聲和水泥攪拌機的噪音，變得活力四射。

這種情形過去也在其他地方發生。人們被旖旎幽靜的風光吸引而來，卻又把這些地方變成租金昂貴的郊區，充斥著雞尾酒會、防盜系統、四輪傳動的露營車和其他鄉村生活不可或缺的設施。

我想當地人也無所謂，何必在意？無法養活羊群的荒野突然值上幾百萬法郎。商店、餐廳和飯店生意興榮。泥水匠、木工、園藝匠和蓋網球場的業者生意源源不絕。每個人都從中受益，培養觀光客比種葡萄更能帶來收穫。

梅內爾伯目前看來尚未受到影響，至少表面上是如此。名為「前衛」的咖啡館仍趕不上潮流。兩年前開張的小餐館已經倒閉，除了多了間仲介商的小辦公室外，村子中心就跟幾年前我們看到的一樣。

但改變就在眼前。多年前，梅內爾伯曾被賦予一個稱號：法國最美麗的村莊之一。一些居民似乎突然意識到媒體的存在。

我妻子曾偶然碰見三位老太太並排坐在石牆上，他們的三條狗在三人前面也坐成一排，構成一幅很美的畫面。我妻子問他們可不可以拍張照。

最年長的老太太看著她，想了一會兒。

「妳是哪家的？」她說。顯然《時尚》雜誌已經捷足先登了。

10 主要乾旱期，有零星火災

跟山谷務農的鄰居一樣，我們也訂閱由卡龐特拉（Carpentras）氣象站提供的服務，每個星期會收到兩份油印的氣象預報。絕大部分的時間，他們都可以準確預測晴天和下雨的機率、暴風雨和西北風出現的可能性，以及整個沃克呂茲的溫度。

一九八九年剛過去幾個禮拜，氣象預報和數據統計逐漸顯示天氣有不正常的趨勢。降雨量嚴重不足。

去年冬天氣候溫和，山區僅下了一點雪，導致春天的溪洪只夠形成一條涓涓細流。空氣也變得乾燥多了。一月分降雨量為九．五毫米，正常雨量應該多於六十毫米。二月的降雨量也減少，三月也是。夏季禁止田野焚燒的防火規定也跟著提早實施。傳統上，沃克呂茲多雨的春天只稱得上潮濕，夏初則一點也不潮濕。卡瓦永五月的降雨量為一毫米，以往的平均值為五十四．六毫米；六月分也只有七毫米，過去的平均值則為四十四毫米。水井都快乾涸了，沃克呂茲蓄水池的水位也明顯下降。

呂貝宏的乾旱就像未付的帳單般沉重地壓在農民身上。隨著農作物乾枯，土地出現一道道龜裂的痕跡，田間和街坊裡的話題都籠罩在低迷的氣氛中。而且，在這麼乾燥的天氣裡，隨時都可能發生火災，只要想想就覺得害怕，這個念頭卻又在人們腦裡揮之不去。

森林中只要有一丁點火星——不小心掉落的菸蒂或一根燒焦的火柴，加上西北風的助長，小火花就能變成大火苗，很快進化成爆炸，延燒的速度比人類跑步還快。我們聽說米爾（Murs）附近有一位年輕的消防員於春天英勇殉職。當他正面對著大火，一點火花飛濺，可能由松果爆裂而成的熾熱碎片掉到他身後的樹上，樹倒了下來，將他劈成兩半。前後發生的時間不到幾秒鐘。

意外起火已足以釀成悲劇，倘若是人為縱火，那簡直十惡不赦，令人作嘔。可悲的是，火災發生的原因常常與人有關。乾旱時節會吸引縱火狂出沒，而一九八九年的夏天為他們提供了犯案的絕佳機會。這年春天，一名男子因為放火焚燒灌木叢遭到逮捕。這名縱火犯很年輕，一心想成為消防員，但被消防隊拒絕了。於是，他就用一盒火柴進行報復。

七月十四日的傍晚，炎熱多風，我們第一次親眼目睹到火災的濃煙。頭頂上是西北風帶來的一片乾淨無瑕的蔚藍天空，因此山谷對面、幾公里外的魯西永（Roussillon）村莊瀰漫的濃煙變得更加怵目驚心。我們站在屋頂看到濃煙滾滾，耳邊傳來轟轟的引擎聲，一隊加拿大航空的班機載著沉重的水箱低空掠過呂貝宏，然後是直升機和灑水飛機。從博尼約傳來長長的火警警報聲，大家都驚慌失措，我和妻子兩人緊張地看著身後。我們的房子距離樹林不到一百公尺，一百公尺對於一場來勢洶洶、背後有狂風助陣的大火而言，根本不算什麼。

當晚，加拿大航空的小飛機滿載水箱，緩慢地不停往返大火與大海兩邊，我們不得不考慮火勢可能會蔓延到下一片森林的危險。在聖誕節送我們日曆的消防員曾經傳授過防範措施：切斷電源，拉上木百葉窗，往身上澆水，然後待在屋裡。我們曾經開玩笑說要到酒窖避難，帶上幾個酒杯和一個開瓶器——寧可醉死，也不願被火燒死。現在看來，這個玩笑不再好笑。

夜幕降臨時，風勢逐漸減弱。魯西永上方的火光可能和村裡木球場的探照燈差不多亮。我們睡前查了天氣預報，不是什麼好消息，天氣晴朗、炎熱，西北風強勁。

翌日的《普羅旺斯報》對魯西永大火做了詳盡的報導。大火足足燒毀村子周圍超過〇・四平方公里的松樹林，總共出動四百名消防員、十架飛機以及軍方的打火弟兄，才將它撲滅。同一篇報導還提到了三場規模較小的火災。除了一篇馬賽舉辦環法自行車賽的文章外，大火幾乎占滿整個頭版版面。

幾天後，我們開車去了魯西永，原本蔥鬱美麗的松樹林，現在成了一片荒蕪——燒焦的樹樁突出在赭紅色的土地上，醜陋得像山坡長了蛀牙。儘管周圍環境被燒得一片狼籍，仍有一些房屋奇蹟般的毫髮無損。不知道屋主是待在屋裡，或者避難去了。我試著想像坐在漆黑的屋裡，聽著火勢越來越逼近，熱浪透過牆壁傳來，會是什麼感覺。

整個七月的雨量是五毫米，但咖啡館裡一些自作聰明的人告訴我們，呂貝宏八月會有暴雨來襲，消防員可以大大鬆一口氣。此外，一直有人告訴我們八月十五日會下一場大雨，沖走露營帳篷，淹沒道路，浸濕整片森林，運氣好的話，還可以把縱火犯淹死。

我們日復一日期盼著下雨，又每天都是豔陽高照。春天種下的薰衣草枯死了，前院的草叢早已放棄長成草皮的雄心壯志，變成一堆髒兮兮的枯黃稻草。大地變得乾巴巴的，出現一道道裂痕，露出裡面原本看不見的岩石和樹根。運氣好的農夫家裡有強力的灌溉系統，以灌溉他們的葡萄園。我家的葡萄藤垂下來了，福斯坦在視察過他的葡萄園後，也垂頭喪氣。

游泳池的水溫宛如一鍋熱湯，但至少還是濕的。一天晚上，水的味道吸引了一群野豬。有十一隻從森林跑出來，停在離我家五十公尺遠的地方。一頭公豬趁機爬上另一頭母豬的背，波伊一反常態地虛張聲勢，衝向那對正在快活的夫妻，興奮地尖聲狂吠。那對夫妻仍像推車競走比賽般，緊緊連在一起，企圖把波伊趕走。於是波伊回到院子門口，隔著安全距離肆無忌憚地大叫。山豬群改變了進攻泳池的想法，飛跑地穿過葡萄園，魚貫走到馬路對面，享用傑克種的瓜果。

八月十五日那天，氣候就跟上半個月一樣乾燥，每當西北風來襲時，我們就等待著警報和飛機飛過的聲音。事實上已有一名縱火犯打去消防局，宣稱只要起風，就會再縱火，因此我們天天都能看到直升機在山谷上空巡邏。

但這一次，當縱火犯在卡布里埃（Cabrières）附近故技重施時，他們並沒有逮到他。灰燼隨風飄落在院裡，太陽被濃煙遮蔽。狗被煙味嗆到，不安地來回踱步，嗚嗚咽咽對著強風哀嚎。原本紅粉交融的天空籠罩了一層蒼白的灰色，陰森森地隱隱透出光來。

一位住在卡布里埃的朋友當天晚上來到我家避難，村子外圍一些住戶已經疏散。她只帶了護照和一件短褲過來。

這件事之後，儘管縱火犯又打了許多電話，口口聲聲說要燒了呂貝宏，我們卻再也沒有看到任何火災。八月結束了。氣象報告說這裡的降雨率為零，正常平均降雨量則是五十二毫米。九月降下一場無濟於事的小雨，我們站在雨中，大口地呼吸著涼爽潮濕的空氣。那是連續幾週來，森林第一次散發清新的氣味。

火災的威脅一下減輕了，當地居民鬆了口氣，開始有心情抱怨乾旱對他們的胃造成多麼大的損失。除了教皇新堡今年產出的酒據說特別香醇外，其他與美食相關的消息一概慘重。七月分缺水意味著冬天松露將歉收，數量減少，尺寸也小。動物們離開乾涸的呂貝宏，往更北的地方尋找水源，不太可能回來，獵人們唯一的消遣大概只剩互相射擊了。秋天餐桌上的食物將不如一往，一切都變得反常。

我們的美食課也大受影響。梅尼庫奇先生懂得很多事，其中一樣就是擅長尋找並辨別森林中野生香菇的能力，他曾答應帶我們去探險——一大堆野菇就在那裡等著你們採呢。他教我們怎麼滿載而歸，只要給他一瓶凱拉訥（Cairanne）的酒，他還能在廚房為我們露一手。

但隨著十月的到來，香菇之旅被迫取消。在梅尼庫奇的記憶中，還是第一次看見森林裡什麼也沒有。有天早上，他全副武裝地來到我家，帶著刀、手杖和籃子，腳上一雙防蛇靴紮得緊緊的。他花了幾個小時把整座森林翻遍了，最後選擇放棄。我們得明年再試一次了。他太太一定很失望，還有他家的貓，據說那隻貓對菇情有獨鍾。

貓？

是呀，不過是隻鼻子靈光的貓，能挑出危險而致命的毒蘑菇。大自然是很奧妙且神奇的，梅尼庫奇說，往往無法用科學加以解釋。

我問他貓是怎麼處理可以食用的菇。梅尼庫奇說，吃下肚呀，但牠不吃生的。一定要用橄欖油煮過，並灑上切碎的西洋芹，那是牠的一個小缺點，很奇怪，對不對？

十一月，國家林業局會進駐森林，森林自此正式進入戒嚴期。一個陰暗多雲的早晨，我在距離我家大約三公里的地方看到一縷濃煙，還聽到割草機嘎吱嘎吱的聲音。在小路盡頭的空地，尚有一輛軍用卡車，旁邊是一部巨大的黃色機器，約三公尺高，看起來介於推土機和大型曳引機之間。身穿橄欖色野戰服的人在樹林裡進進出出，戴著護目鏡和頭盔，顯得很詭異。他們正在清除灌木叢，扔進火堆裡，汁液從綠色樹幹流出，讓火苗劈啪作響。

一名表情嚴肅、身材瘦長的軍官看著我，好像我是非法入侵者似的。我向他問好，他幾乎連頭都不點一下。我猜他大概在想：死老百姓，竟然還是個老外。

我轉身回家，又停下來觀察那個黃色龐然大物。從司機已經裂開的皮背心和不合規定的格紋帽看起來，他應該是個尋常百姓，罵罵咧咧地試著鬆開一顆鎖得很緊的螺絲。他把扳手換成木槌——這是普羅旺斯人解決任何令人頭痛的機械問題的萬能妙方。這點讓我更確定他不是軍人，試著向他打招呼，這次我得到比較友善的回應。

他長得很像聖誕老人的弟弟，雖然沒有鬍鬚，但圓潤的臉頰紅通通的，還有一雙明亮的眼睛，翹起的八字鬍上沾滿隨風飄來的鋸末。他朝滅火隊的方向揮舞著木槌。「像是打仗一樣，對不對？」

他用正確的軍事術語稱其為清算行動。通往梅內爾伯的道路兩側二十公尺內的灌木叢必須清除乾淨，以降低發生火災的風險。他的工作就是駕駛機器跟在行動部隊後面，把沒被燒掉的漏網之魚切碎。他用手掌輕拍黃色機器的側面。「它可以吃下一整段樹幹，切成小碎片吐出來。」

滅火隊花了一個禮拜的時間走到我家門口。他們清理了森林邊緣，空地上堆滿一堆燒過的灰燼。黃色龐然大物緊跟而來，豪不客氣地大嚼特嚼，狂噴木屑。

一天晚上，司機上門拜訪，向我們要杯水喝，我們輕易地說服他灌下一杯茴香酒。他對他把車停在花園上方感到抱歉。他每天都在煩惱車要停哪。以最高每小時十公里的速度，他實在沒辦法把他所謂的「小玩具」開回位於阿普特的家裡。

他摘下帽子，喝了第二杯茴香酒。一天孤單地工作下來，他說，只能聽見機器運轉的噪音，能找個人說話真好。但這是有必要的，森林已經太久無人打理了，到處都是枯木，如果明年再發生乾旱的話……唉！

我們問有沒有抓到縱火犯，他搖搖頭。他稱那名縱火犯為「打火機狂魔」，讓我們祈禱他明年去塞文山脈過節了。

司機隔天晚上又來了，帶著卡芒貝爾起司來訪，還教我們怎麼烹調——這是他冬天在森林裡禦寒時所用的方法。

「先生堆火。」他說，並模擬把樹枝放在桌上的樣子。「然後把起司從盒裡拿出來，去掉包裝紙，再把起司放回盒裡，懂嗎？」為了確保我們理解，他拿出卡芒貝爾起司，輕拍裝起司的薄木盒。

「好，接著把盒子放進火中，盒子會燒起來，起司堅硬的外皮也會變黑，裡面的起司會融化，但……」他舉起一根手指強調，「它被密封在表皮裡，不會流進火中。」

他喝了一口茴香酒，用手背擦了擦鬍子。

「這時候把長棍麵包豎著切開一條縫，對了，要小心手。接著把起司從火裡拿出來，在外皮挖一個洞，將裡面融化的起司倒到麵包上，就大功告成！」

他咧嘴一笑，紅潤的臉頰肉在眼睛下方堆起，他拍拍肚子。我早就知道，在普羅旺斯，聊天的話題早晚都會回到食物和酒上。

一九九〇年初，我們收到前一年的天氣數據。儘管那年十一月異常潮濕，但平均降雨量不到正常的一半。

又迎來一個暖冬。水位依然低於正常標準，據估森林約有百分之三十的灌木叢枯死。夏天的第一場大火燒毀了馬賽附近約二十五平方公里的地區，高速公路都斷成了兩截。那個打火機狂魔仍逍遙法外，也許他和我們一樣，對天氣預報特別感興趣。

我們買了一個厚重的錫盒，用來裝所有的證件——護照、證書、出生證明、合約、許可證和舊電話帳單。在法國，這些文件是用來證明身分、必不可少的東西。在火災中損失房子縱然不幸，但如果連這些東西都失去，就沒辦法在這個國家生存下去。我們決定把錫盒藏在酒窖深處的角落，就在教皇新堡酒旁。

每當下雨時，我們就格外興奮，福斯坦認為這是我們越來越不像英國人的好徵兆。

11 與帕華洛帝共進晚餐

宣傳從幾個月前就開始了。那張蓄著大鬍子、戴著貝雷帽的照片頻頻出現在報紙和海報上。從春天開始，普羅旺斯任何有點關心音樂的人都聽過這個大消息：《普羅旺斯報》稱為聲樂大帝的帕華洛帝，今年夏天將蒞臨演唱。除此之外，這將會是一場絕無僅有的演唱會，因為帕華洛帝選擇的表演場地極為特殊，不是不用擔心風吹雨打的亞維儂歌劇院或位於戈爾代的宴會廳，他反而選擇露天的奧朗日古羅馬劇場，周圍環繞著他的義大利老祖先於十九世紀建設時遺留下來的古老石塊。這將會是一場空前絕後的演唱會。

即使在空曠無人的時候，奧朗日古羅馬劇場依舊風采迷人，它規模大得令人難以想像。劇場呈D字型，連接半圓兩邊的直牆長一百公尺、高三十六公尺，目前仍完好無損。除了近兩千年的風霜在石頭上留有綠鏽外，這座遺跡就像昨日才完工似的。牆後面是挖掘整座山坡斜面形成自然的石階，大約可容納一萬名觀眾。

起初，劇院座位的順序是根據社會階層來決定的。長官和地方議員坐前排，接著是牧師和貿易行會成員，然後才是一般民眾。而最高處遠離貴客的是乞丐和妓女的座位。到了一九九〇年代，這項規則改變了，座位不再依照階級而定，而是看誰出手的速度快。可以想像，演唱會的票肯定早已售罄，只有動作快才能保證能搶到票。

我們還在猶豫，朋友克里斯多福對於安排夜生活一向如軍事行動般精準，早早就為我們搶到了票。他打點好一切，對我們下達軍事命令：六點出發，七點半在奧朗日的木蘭樹下吃晚餐，九點前進場。所有座位都配有椅墊，以免觀眾的屁股飽受石階之苦。凌晨一點左右返回基地。

當有人幫你把一切都安排妥當，你只需聽命行事時，參加活動就會有種解脫和愉快的感受，這次演唱會正是如此。我們六點準時出門，一小時後抵達奧朗日，發現這座小鎮充滿了過節的氣氛。每間咖啡館都熙熙攘攘，坐滿了人，臨時加的桌椅已經延伸到馬路上來，讓開車變成一個嚴峻的考驗，要怎樣才能通過而不撞到服務生呢？表演開始前的兩個小時，成千上萬的觀眾帶著野餐籃和椅墊湧入劇院。餐廳為了帕華洛帝演唱會準備了特製菜單，整個奧朗日都摩拳擦掌地等待好戲上演，這時天空便下起雨來。

這裡已經好幾週沒下雨了，當最初幾滴雨水落在滿是塵土的大街上時，所有人都仰頭凝視天空——服務生、司機、負責搬坐墊的人，當然包括這位大聲樂家自己。真是多災多難呀！他會邊撐傘邊唱歌嗎？樂隊該怎麼用淋濕的樂器為他伴奏呢？指揮能用滴著雨的指揮棒指揮嗎？只要雨不停，幾乎可以感覺到人人都屏住呼吸祈禱。

但到了九點，雨已經停一陣子了，當我們隨著喜好音樂的人群慢慢湧入劇場入口時，高牆外的夜空中已經出現第一顆星。劇院四周販賣許多關於帕華洛帝的流行商品——光碟、錄音帶、海報和T恤，除了寫著「我愛帕華洛帝」的保險桿貼紙外，應有盡有。

排隊的人流走走停停，彷彿入口處有障礙物似的。進入劇院後，我們才明白原因——你會不由自主地停下來幾秒鐘，體會從舞臺遙望觀眾席的感覺，這正是帕華洛帝即將看到的場景。

黑暗中有成千上萬蒼白的臉孔，占滿一排又一排的半圓，越往上看，那些臉孔越模糊難辨。從底層座位往上看，有種反向眩暈的感覺。石階的角度看似不尋常地陡峭，觀眾岌岌可危地懸掛在半空中，隨時可能失去平衡，跌落下來。

觀眾們稀稀落落地發出聲音——比咬耳朵還大聲，又不到正常說話的音量。微小而不斷的交談聲環繞整個劇院，在石牆間迴蕩放大。我感覺彷彿掉入一個滿是人類的蜂窩中。

我們慢慢爬到了自己的座位上，位於舞臺上方三十公尺左右的位置，正對面的高牆上有一個壁穴，裡面掛著奧古斯都像，被泛光燈照得雪亮。他穿著一身帝國長袍，昂首挺胸，伸展雙臂迎向群眾。奧古斯都在位期間，奧朗日人口約有八萬五千人，現在銳減為不到三萬人。此時此刻，大多數人似乎都在尋找可以容身的石頭坐下。

一位身材臃腫的女士剛爬上高高的石階，喘著粗氣，一屁股癱坐在我身旁的坐墊上，用節目行程表當扇子搧風。她是奧朗日人，有張圓滾滾的臉，情緒高昂。她說她以前來過奧朗日劇院很多次，但從未看過這麼多觀眾。她看看在場的人頭，說肯定有一萬三千人。真是老天保佑，雨停了。

當樂隊出現在臺上，開始調音時，觀眾席爆發出一連串掌聲，在人群滿心期待地哼唱聲中，一段高亢清晰的音樂響了起來。隨著最後長長的鼓音落下，樂音戛然而止，樂手及跟現場觀眾不約而同地望向後臺的方向。黑色簾幕蓋住了奧古斯都像下方的主入口。觀眾們紛紛把脖子往前傾，好像彩排過一樣，指揮黑白相間的身影從黑色簾幕後方出現。

掌聲再次炸開，從我們後方和上方的座位傳來刺耳的口哨聲，此起彼落。旁邊的婦人不耐煩地嘖了幾聲。「又不是足球賽，真是吵死人。」事實上，這可能是出於傳統，因為口哨聲來自乞丐和妓女區，並非會聽到優雅掌聲的貴客區。

樂隊開始演奏董尼采第序曲，優美的樂聲飄盪在夜空中，原音迴盪在劇院中並未失真，而是自然地放大。其中如果有任何出錯的地方，幾乎每個奧朗日居民都會知道。

指揮向觀眾鞠躬，緩慢地走回簾幕，而在咫尺之間，幾乎不到一秒鐘的時間，全場一萬三千名觀眾鴉雀無聲。然後，在一陣忽然爆出的歡呼聲中，他出現了——一頭黑髮，黑色落腮鬍，身穿白色燕尾服和白領帶，左手拿著一塊巨大的白手帕。他向觀眾席張開雙臂，繼而合上手掌，深深地一鞠躬。帕華洛帝準備開唱了。

然而，從乞丐與妓女區傳來的口哨聲尚未停止，而且是兩隻手指放在嘴裡吹，用來招計程車的那種哨音。我身旁的婦人一臉厭惡，稱那些人為「劇院流氓」，衝他們發出噓聲，乞丐和妓女區再度以口哨聲回敬，帕華洛帝靜靜等待著，低著頭，雙手垂在身體兩側。指揮此時舉起指揮棒，伴隨最後幾聲挑釁的口哨聲後，演出開始了。

「她是多麼地美麗，多麼地可愛啊！」帕華洛帝唱道。聽起來非常輕鬆，嘹亮的聲音把偌大的劇院變成一個小房間。他身體挺直，重心放在右腳，左腳跟微微抬離地面，手帕隨著微風飄揚——真是一場令人心曠神怡的演出。

當他唱到最後一個音時，頭會輕輕向上晃動，露出燦爛的笑容，雙臂向前伸開，然後雙手合十，向觀眾點頭示意，最後在震耳欲聾的掌聲中與指揮握手。當晚所有曲目都以這個特殊的形式結束。

歌聲又起，接著在掌聲尚未消逝前，他已在指揮的護送下走向簾幕後的入口。我猜他是要去讓聲帶休息一下，同時喝一勺蜂蜜保養喉嚨。但旁邊的婦人卻有不同的解讀，她的一席話在後來的兩小時裡一直吸引我的注意。

「我看呀，」她說：「他是趁著曲子之間的空檔，稍微吃一點宵夜。」

「女士，這不可能。」我說。

「噓，長笛開始演奏了。」

一曲結束，婦人又發表那套論調。她說，帕華洛帝是個大塊頭，又是個美食家。演唱會的時間很長，演出〈像天使一樣（Comme Un Ange）〉那樣的歌曲是很費勁的。所以他在上臺演出時同時維持自己的體能是很合理的。如果你認真研究一下節目表，就會發現曲目和曲目之間安排了六段充足的充饑時間。這時候在臺上的樂隊就會用演奏轉移觀眾的注意力。你看看！

我看了看節目表，不得不佩服那婦人說得有道理。確實，在曲目和曲目中間，隱藏著這樣一份菜單：

董尼采第
（薊菜沙拉）
齊雷亞
（托斯卡尼豆湯）
中場休息
（威尼斯比目魚）

普契尼
（青豆洋菇義大利餃）
威爾第
（乳酪）
馬斯奈
（檸檬格蘭尼達）
安可
（咖啡和渣釀白蘭地）

除此之外，還有更顯而易見的證據，證明這個歌劇晚宴的理論或許不僅僅是婦人的想像。就像大多數人一樣，我一直以為從帕華洛帝左手拿的白色方巾是條手帕，但實際上比手帕大得多。我把這件事告訴一旁的婦人，她點點頭深表同感。「顯然那是一條餐巾。」她說。證實了她的猜想後，她便轉過頭去，好好享受接下來的曲目。

帕華洛帝實在令人難忘，不僅僅是他的歌聲，而是他呈現給觀眾的表演方式令人印象深刻。比如，他偶爾會不照譜唱，在即興發揮時輕拍指揮的臉，每一次進退場的時間都拿捏得很完美。有一次曲間休息後，他回到臺上，圍了一條長長的藍色圍巾，一直垂到腰間，我一直以為是為了保暖，抵擋晚間的涼風用的。

一旁的女士顯然更了解他。她說，他一定是不小心沾到醬汁，所以用圍巾來蓋住白色背心上的汙漬。他真聰明，對不對？

正式演出已經結束了，但樂隊仍留在臺上。乞丐和妓女區堅持不懈地喊著——威爾第！威爾第！威爾第！這一回全體觀眾跟著應和，直到帕華洛帝再次出現，加演了兩首曲目：〈公主徹夜未眠〉和〈我的太陽〉。觀眾欣喜若狂，樂隊朝我們深深一鞠躬，我們的明星主唱最後一次敬禮，演唱會正式結束。

我們花了半個小時退場。我們出來時，看到兩輛豪華賓士正駛離劇院。「我敢打賭，他就坐在車上！」克里斯多福說：「不知道要去哪吃晚餐。」他當然不知道，因為他沒有坐在那位婦人旁邊，所以他不知道簾幕後發生的事。一萬三千名觀眾已經在不知不覺中與帕華洛帝共進晚餐。真希望他還能再蒞臨奧朗日，但願下次他們也能把菜單印在節目表上。

12 一堂茴香酒課

龐大的梧桐樹蔭下放著金屬桌和磨損的藤椅。時近中午，一位穿著帆布靴的老人拖著腳步穿過廣場，揚起的塵埃飄盪在空氣中久久不散，在刺眼的陽光下清晰可見。咖啡館的服務生從手中的《隊報》抬起頭來，慢慢地走出去點餐。

他再回來時，會帶著一小杯酒，如果他夠大方，可能會裝四分之一滿，還有一壺有水珠凝結的冰水。當你把水倒進酒裡時，酒會變得白濁，顏色介於黃色和霧灰色之間，散發茴芹刺鼻又甜蜜的香味。

乾杯。你喝的是「普羅旺斯的牛奶」——茴香酒。

對我來說，茴香酒裡最強烈的成分不是茴芹或酒精，而是氛圍，這決定了這杯酒飲用的方式及場合。我想像不出在匆忙的情況下喝這種酒，或是在富勒姆的酒館、紐約的酒吧、任何要求客人穿襪子的場所。喝起來感覺就會不一樣了。喝茴香酒必須在炎熱、有陽光的地方，有種時鐘停止運轉的錯覺。一定要在普羅旺斯才行。

在搬來這裡以前，我一直以為茴香酒是一種大眾商品，是由法國兩大品牌創造出來的國有資產，前有保樂（Pernod），後有力加（Ricard），就是這樣。然後我開始接觸其他牌子——卡薩尼（Casanis）、加諾（Janot）、卡尼爾（Granier）——不知道還有多少不同的品牌。我在一家酒吧裡看到五種，另一家有七種。被我問過的普羅旺斯人當然都是專家，每個人都斬釘截鐵地給我不同且可能不正確的答案，順帶批評那些他個人不會跟岳母一起喝的牌子。

一次偶然的機會下，我找到了一位茴香酒的教授，由於他剛好也是一名厲害的廚師，所以上他的課並非難事。

米樹・博斯克在亞維儂附近的城鎮出生，搬到幾公里外的卡布里埃。他在村裡開了一家有十二年歷史的餐廳，叫做米樹小酒館，每年都把賺來的錢重新投入酒館生意中。他在店裡加了一個大露臺，擴大廚房，增建四個房間，讓疲勞和喝過頭的客人休息，使米樹之家變成一個舒適且熱鬧的地方。

不過，儘管進行了改建，夏天偶爾也會有極為時髦的客人上門，但有件事沒有改變：餐廳前的酒吧仍是鄉村酒吧，每天晚上都會有六名滿臉通紅、穿著工作服的男人前來，不是為了吃飯，而是來喝幾杯酒，為木球爭論不休。而他們喝的總是茴香酒。

一天晚上，我們來到餐館，發現米樹站在吧檯後方，正在主持一場非正式的品酒會。當地的品酒愛好者正在測試七、八個不同的品牌，其中有一些我從未見過的牌子。

品茴香酒跟在波爾多或勃艮地酒窖看到的那種安靜、近乎宗教的儀式不同，米榭不得不拉高嗓音，讓自己的聲音壓過酒吧裡的咂嘴聲和碰杯聲。

「喝喝看這個，」他說：「很像媽媽做的味道，這款來自福卡爾基耶（Forcalquier）。」他把一個玻璃杯滑過吧台，從一個沾著水珠的金屬壺裡加滿冰塊。

天哪，這是媽媽的味道？喝個兩、三杯，我就要手腳並用地爬上樓去其中一間房間躺下了。我說這酒似乎很烈，米榭給我看了酒瓶：四十五％，比白蘭地還烈，但還沒超過茴香酒的法定濃度，而且跟米榭喝過的酒相比，這酒絕對算溫和。只要一、兩杯，他說，就能讓一個男人面帶微笑地往後倒，碰！但那杯很特別。我從米榭眨眼的表情判斷這杯酒並不完全合法。

他突然離開吧檯，彷彿想起他正在烤舒芙蕾似的，然後帶著幾個東西回來，放在我面前的吧檯上。

「你知道這是什麼嗎？」

一個是比較高、外壁有螺旋圖形的玻璃杯，杯梗較短，也較粗；一個是比較小、較厚的玻璃杯，大小跟一個頂針差不多，但有兩倍高；還有一個看起來像扁平錫湯匙的東西，上面有對稱的排孔，扁平匙面後的握柄上有一個凹槽設計。

「在我頂下這家店前，這裡是家咖啡館。」米榭說：「我敲掉牆面的時候發現了這個，你有看過嗎？」

我完全不知道是什麼。

「過去所有咖啡館都有這些配備，這是用來調苦艾酒的器具。」他用食指勾住鼻尖轉了轉，這是喝醉的手勢。他拿起較小的那個玻璃杯。「這是苦艾酒杯，一種量苦艾酒的老方法。」小玻璃杯厚實且很有觸感，當他把杯子遞給我時，感覺就像鉛塊一樣重。他拿起另一個玻璃杯，把那根苦艾酒匙橫放在上頭，握柄上的凹槽緊緊扣住杯沿。

「好，在這裡——」他敲了敲酒匙。「放糖，然後把水淋在糖上，糖會從洞滴到苦艾酒裡。在上個世紀末，這是一種非常時髦的飲酒方式。」

米榭告訴我，苦艾酒是一種綠色的液體，最初是從葡萄酒和艾草植物中蒸餾出來的。喝起來苦澀、很刺激，有迷幻成分，會上癮而且危險。它含有六十八%的酒精，可能導致失明、癲癇和精神錯亂。據說就是在其影響下，梵谷割掉了自己的耳朵，魏爾倫[5]射傷了韓波。某種特殊疾病以此命名，意為苦艾中毒（absinthisme）。成癮者經常會氣絕身亡。出於這個原因，苦艾酒在一九一五年被定為違法。

一個叫朱爾斯．保樂（Jules Pernod）的男人不願見到這種酒消失，因為他

5 Paul Verlaine，法國象徵派詩人。

在亞維儂附近的蒙法韋區（Montfavet）有一間苦艾酒工廠。但他因應時代，將產品改為合法許可的茴芹製作的酒。他的策略很快便大獲成功，有極大的可能客戶喝了會活得好好的，還會回來買更多酒。

「懂了吧，」米榭說：「商業茴香酒誕生於亞維儂，跟我一樣。喝喝看這杯。」

他從架上拿了一瓶卡尼爾，我可以說我家裡也有同個品牌的酒。卡尼爾的標籤上寫著「我的茴香酒」，產地在卡瓦永。比起保樂相當強烈的綠色調，它的色澤更溫和，我覺得喝起來酒精濃度較低。而且，只要味道好，我更傾向支持當地酒商。

一杯卡尼爾下肚，我仍然直挺挺站著。米榭說，為了繼續我的第一堂課，有必要喝喝看另一個大品牌，我就可以對口味和色澤一系列細緻的變化做出深思熟慮的評斷。他倒了一杯力加給我。

這時候，我已經很難秉持著淡然態度和學術精神比較兩種不同的茴香酒。這兩種酒我都很喜歡——口味清新、柔順、帶有後勁。其中一杯可能比另一杯多添加一滴甘草，但幾口高濃度且風味強烈的茴香酒下肚後，味覺會出現一定的麻木感。這是一種令人愉悅的麻木感，會引起強烈的食慾，但在我喝了第二、第三杯後，就再也無法做出嚴謹的評論了。作為一個茴香酒評論家，我很糟糕。開心、飢餓，但很糟糕。

「力加喝起來感覺如何？」米樹問。我說力加喝起來不錯，但我今晚可能喝夠了。

之後的幾天，我一直把想問米樹的問題記下來。比方說，我覺得很奇怪，明明茴香酒如此廣為人知，而且有著如此強烈、緊密的關係，但它的起源似乎跟酒本身的色澤一樣渾濁。在保樂將其發揚光大前，是誰發明了茴香酒？為什麼茴香酒會扎根於普羅旺斯，而不是勃艮地或羅亞爾河谷？我帶著滿腹疑問去找教授。

每當我問普羅旺斯人關於普羅旺斯的問題時——無論是氣候、食物、歷史、動物習性，還是居民的怪癖——大家都竭盡所能地回答我。普羅旺斯人喜歡指導，通常會夾雜大量個人意見，而且喜歡邊吃邊說。這次也一樣，米榭安排了一次午餐，在他餐廳固定公休那天，和他口中「負責任」的幾名朋友一起用餐，他們很樂意帶我走上知識的道路。

總共十八個人坐在米榭家前院搭起的白色帆布大傘下，我被介紹認識一個個陌生的臉孔，包括他們的名字和來歷：亞維儂的政府官員、卡龐特拉的葡萄酒農、力加公司的兩名行政人員，還有一些卡布里埃的忠實擁護者。甚至還有個男人打了領帶，卻在五分鐘後拿掉領帶，把領帶圈掛在紅酒推車上。那代表任何正式場合的開始與結束。

大多數人都跟米榭一樣對滾球充滿熱情，那位來自卡龐特拉的葡萄酒農帶來幾箱特釀酒，標籤上表示有場比賽正在進行中。把粉紅酒拿去冰鎮，開了紅酒後，滾球選手的運動飲料和備用品被慷慨地分給大家——馬賽真正的茴香酒，力加茴香酒。

保羅．力加生於一九〇九年，據他的一位員工表示，現在依然在沒事找事做，其成功是精力充沛和智力開發的經典案例。他父親是一名酒商，保羅年輕時的工作帶他進入馬賽的酒吧和小餐館中。當時，調酒的法律尚不嚴謹，許多酒吧都開始自製茴香酒。保羅也決定釀造自己的茴香酒，但他加入了一個其他人沒有用過的材料，是推銷的神來之筆。馬賽真正的茴香酒或許跟其他茴香酒沒什麼太大的不同，但它好喝，而且保羅的營銷手段將它打造得更好。他的茴香酒很快便成為最受歡迎的一種，至少在馬賽地區是如此。

保羅已準備好擴張事業版圖，他做了一個可能使他早好幾年成功的決定。馬賽周邊地區的市場競爭激烈，到處都有茴香酒，是很常見的酒類，馬賽本身在周邊地區聲譽也沒有很好。（即使在今日，馬賽人也被認為是會誇大其辭，將沙丁魚描述為鯨魚的人，完全無法信任。）

然而，再往北一點，茴香酒可作為擁有異國情調的酒販售，距離使馬賽的名聲有所提升，賦予了一種南部的魅力——帶點粗曠、輕鬆且陽光的感覺，能夠吸引習慣寒冷冬天和灰色天空的北方人。於是保羅去到北方的城市，先到里昂，接著是巴黎，這個策略奏效了。今天在法國任何地方都很難找到一家沒有賣馬賽真正的茴香酒的酒吧。

告訴我這個典故的那名力加公司男職員誠摯地談起他的老闆。保羅先生是個怪人，他說，每天都在尋求挑戰。當我問保羅是否像許多權貴一樣，也踏足政壇的時候，他冷笑一聲。「政客？他會吐在他們身上。」我對他的想法感到認同，但某種程度上我覺得很可惜。法國茴香酒大亨當總統的想法很吸引我，他可能會藉由其廣告口號當選：只有力加，別無選擇。

但茴香酒並非保羅發明的。和保樂一樣，他是將早已存在的東西裝瓶銷售。它是從哪兒來的？是誰先將茴芹、甘草、糖和酒精混和在一起？難道是某個僧侶（不知道為什麼，僧侶對發明酒類很感興趣，從香檳到廊酒都是）在某個受到眷顧的日子，在修道院的廚房發明的？

此次午餐會上沒有一個人知道第一杯茴香酒是怎麼來到這個乾渴的世界，但缺乏精準的知識永遠阻止不了普羅旺斯人將自己的觀點當作事實陳述，或把傳說當作可靠的史實。最似是而非但最受歡迎的解釋是隱士理論——在發明特殊的開胃酒方面，隱士的水準理所當然幾乎跟僧侶一樣高。

這個隱士居住在呂貝宏山坡上森林深處的小屋裡。他採集草藥，丟入大鍋裡燉煮，那種女巫、巫師和煉金術士愛用的冒著泡泡的傳統大鍋。煮沸後，殘留的汁液有著厲害的功效，不僅能讓隱士解渴，還可以保護他不受可能導致呂貝宏居民滅絕的瘟疫侵襲。這個隱士很慷慨，將他的混合溶液分給為瘟疫所苦的人，讓病人立即康復。或許就像後世的保羅．力加一樣，他感覺到他的神奇飲料有更廣泛的可能性，他離開了森林小屋，做了任何講求實際的隱士都會做的事：搬到馬賽開一間酒吧。

普羅旺斯之所以會成為茴香酒的故鄉，有另一個較不浪漫但合理的原因：原料容易取得。草藥便宜或能免費取得。大部分農民都會自己釀酒，蒸餾出喝了會頭痛欲烈的酒，而一直到最近，私釀酒都還是一項能夠父子相傳的家族資產。目前這項權利已被廢除，但一些釀酒人直到逝世前，在法律上都仍有權私自釀酒，而自製茴香酒至今依然存在。

米榭的妻子博斯克太太在卡龐特拉附近出生，她記得她的祖父會釀造一種雙倍濃度的茴香酒，酒精濃度高達九十％，能喝倒一座雕像。一天，村裡的憲兵來找他，是正式的來訪，穿著正式的制服，這從來不是個好兆頭。那位憲兵被說服喝下一杯祖父釀造的致命茴香酒，一杯接著一杯。他來訪的理由從未提及，但祖父不得不開著他的廂型車去憲兵隊兩次：一次是把醉得不省人事的憲兵和他的腳踏車送回去；第二次則是把憲兵留在桌下的軍靴和手槍物歸原主。

那些日子可真好呀，而時至今日，在普羅旺斯某些地區，可能仍然擁有這樣的好時光。

13 條子

那天實在很倒楣，正好是卡瓦永交通管制的時候，我身上沒有零錢能投計時收費器。前方兩個體格壯碩、戴著鴨舌帽和太陽眼鏡的男子慢慢朝這邊走過來，刻意裝出兇狠的樣子，慎重地逐車開罰單。

我已經找到一個沒人使用的空位停車，再走去附近的咖啡館換一些一塊法郎。回來的時候，一個身穿藍色制服、身材魁梧的大漢正瞇著眼睛懷疑地看著收費器上的指針。他抬起頭，透過太陽眼鏡看著我，用筆敲著錶盤。

「超時了。」

我向他解釋原因，但他壓根就不想考慮我情有可原。

「算你倒楣，」他說：「這也算違規。」

我放眼四周，有半打以上的車兩兩並排違規停車。一輛滿載瓦礫的卡車被丟在小巷角落裡，將出口完全擋住。路的另一邊，有輛貨車橫停在行人穿越道上。跟這些明目張膽的違規比起來，我犯的罪根本微不足道，而我也真的很蠢，居然說了實話。

然後公路警察便徹底無視我的存在。他輕蔑地哼了一聲，一言不發地從我前面繞過去，抄下我的車牌號碼，接著翻開筆記本，看了看手錶。

他開始把我的罪狀寫下來，或許還額外加了一條——態度惡劣。就在這時，從我換零錢的咖啡館傳來一聲大叫。

「喂！喬治！」

我和這名叫喬治的警察四下張望，看到一個健壯的男人穿過路旁的露天咖啡座朝我們走來，一邊伸出一隻手指左右搖動，在普羅旺斯肢體語言中，這代表強烈的不贊同。

接下來的五分鐘，喬治和這名健壯的男人聳肩、雙手比劃著、互相推著對方胸膛。這位新來的仁兄倒是仗義執言：「是真的，這位先生才剛到，也確實去了咖啡館換零錢，有人可以作證。」他把手揮向咖啡館的方向，在酒吧昏黃的燈光下，有三、四張臉孔轉向我們。

「法律就是法律，」喬治說：「他明明就違規。而且我已經開單了，所以我無能為力，罰單不能撤銷。」

簡直胡說八道。修改罰單呀，開給把卡車停在路口擋道的那個呆頭鵝。

喬治的態度軟化了。他看了看那輛車和他的筆記本，又哼了聲後轉向我。「下次，準備好零錢。」他仔細地盯著我，肯定是在把我這張罪犯臉記下來，以便日後需要抓嫌疑人時用上，隨即沿著人行道往那輛卡車走去。

我的救命恩人笑著搖搖頭。「他腦子進水了，真是笨得可以。」他重複說著腦子進水，笑得合不攏嘴。

我向他道謝，表示想請他喝一杯。我們一起走進那家咖啡館，在角落一張昏暗的桌子旁坐下來，這一坐就是兩個小時。

我的救命恩人名叫羅伯特，不矮不胖，有寬闊的胸膛和粗粗的脖子，黝黑的臉上留著時髦的小鬍子。他的笑容和沾染尼古丁的金牙形成強烈的對比，棕色明亮的眼神充滿愉悅，身上隱約露出一股流氣，絕非善類。我猜想他可能是在卡瓦永市場販售保證摔不破的陶器，或仿真的 Levi's 牛仔褲，或那些前一晚從貨運卡車上掉下來的商品。

結果，他竟然曾經做過警察，所以他才認識喬治，還挺討厭他的。現在他是一名安全顧問，專賣安全警報系統給呂貝宏地區的別墅主人。他說，如今小偷猖獗，專找沒有上鎖的門窗下手，所以他生意興隆。他問我家有沒有裝警報系統？沒有嗎，多可怕呀！他從桌上把名片推給我，上面印有他的名字和產品標語：「未來先進的警報系統」，但這句話顯然跟他的商標不合——一隻停在橫木上的小鸚鵡，大喊著：抓賊！

我對他當警察的經歷及離職的原因很感興趣。他往椅背一靠，陷入一團吉塔恩（Gitanes）香菸煙霧中，衝酒保搖搖空酒杯，又要了一杯茴香酒才開口。

一開始日子過得很慢，他就跟其他人一樣等待升職，每天幹著一成不變的工作，漸漸對坐辦公室感到厭煩，這和他期望的那種富挑戰性的職業相去甚遠。於是他想休息一下，在一個週末，他前往弗雷瑞斯度假。

每天早上，他都會去一家能夠俯瞰大海的咖啡館吃早餐，而每天早上同一時間，都有一個男人到海灘上練習衝浪。羅伯特帶著休假的閒暇心情，饒有興趣地看著這個人跳上衝浪板，從板上摔下來，又爬上去。

那人看起來很面熟。羅伯特確定自己不認識他，但又好像在哪看過。他的脖子上有一顆凸痣，左手臂上有紋身，受過訓練的警察對於這些小而明顯的標誌特別注意，也會特別記得。而衝浪客的身影、脖子上的痣和略微鷹鈎的鼻子喚起了羅伯特的記憶。

兩天後，他想起來了。他看過此人標有號碼的黑白照片——那是一張警方記錄嫌疑犯的照片，這個衝浪客有案底。

羅伯特到當地憲兵隊調出資料，不到半個小時，就查到一名去年越獄的囚犯的照片。他是加丹尼黑幫的老大，以危險著稱。身體特徵包括脖子的痣和左臂上的刺青。

於是，他們設下了陷阱，羅伯特一邊大笑，一邊上下不接下氣地描述整個圍捕過程。二十名警察穿著泳褲喬裝成泳客，一大早就出現在沙灘上埋伏，儘管他們身上一致露出古怪的曬痕——從手肘到手腕、脖頸的V字型領口和臉上的皮膚都曬成了古銅色，但其他部位，從腳趾到額頭全是一片蒼白，但他們還是盡力地不引人注意。

幸好，逃犯正忙著跳上衝浪版，無暇注意這二十位皮膚蒼白的可疑人物在附近遊蕩，最後大批警力在淺灘包圍了嫌疑犯，將他就地逮捕。後來，警察在他位於弗雷瑞斯的公寓中搜出兩把·三五七麥格農手槍和三枚手榴彈。羅伯特因此授獎，被委派到普羅旺斯機場擔任便衣警察，以便充分發揮他的觀察力。

說到這兒，我打斷他的話，因為我一直很納悶為什麼在馬賽機場看不到警察。入境乘客可以先把隨身行李託給朋友，再前往領取行李，而只有隨身行李的話，根本不用過海關。這對於惡名昭著的馬賽機場而言，似乎太隨便了。

羅伯特歪著頭，將粗短的手指放在鼻翼旁。他說，情況並不如表面看起來那樣。警察和海關人員其實就在附近，有時打扮成生意人，有時穿著T恤搭牛仔褲，混雜在搭機乘客中，或在停車場裡四下亂轉，眼觀四面，耳聽八方。他自己也曾抓過一、兩個走私犯——不是什麼大買賣，只是幾個閒來無事的人以為到了停車場就能逃過一劫，肆無忌憚地互相打招呼，閒話家常。真是瘋了。

但也有好幾個星期什麼事都沒發生，他開始閒得發慌，還有他的那話兒。他露出笑容，指了指他兩腿之間。

他攔下一個打扮時髦、單獨旅行的妙齡女子，一個標準的運毒犯。當時她剛坐上一輛掛著瑞士車牌的車子。他只是進行例行公事，問這輛車到法國多久了？對方便緊張起來，態度頓時變得很友善，過於友善，最後兩人在機場酒店度過整整一下午。羅伯特和女子一起從酒店出來時，被人看到了。結果就是大勢已去。好笑的是，在同一個禮拜，鮑梅特斯監獄的一名典獄長被抓到把蘇格蘭酒裝在改造過的優格罐中偷渡給一名囚犯。他也同樣被掃地出門。

羅伯特聳聳肩表示，雖然這麼做不對，也很傻，但警察不是聖人，總會有害群之馬。他低頭看著自己的杯子，玻璃映出一個人對過去的錯誤懺悔的影像。一失足成千古恨，我開始為他遺憾。他伸過桌面拍拍我的手臂，煞風景地說再喝一杯能讓他心情好一些。他笑了起來，我暗想他告訴我的有幾分是事實。

在茴香酒的作用下，羅伯特答應過幾天會找時間來我們家看看，提供防盜系統諮詢，還說完全免費。而如果我們想讓家裡的防盜系統變得刀槍不入，他願意用友情價幫我們安裝最先進的詭雷裝置。

我向他道謝後，轉頭便忘了這件事。因為酒後的承諾通常不必當真，特別是在普羅旺斯，清醒時做的承諾都可能要拖過上把個月才會實現。我在街上見過太多人對汽車刺耳尖銳的警報聲無動於衷，所以我不太相信電子設備會發揮多大的威懾作用。我寧可相信會吠的狗。

出乎我預料，羅伯特真的如約而至。他開著一輛裝著天線的銀色ＢＭＷ，身穿緊身褲和黑色Ｔ恤，嘴裡哼著歌，身上散發麝香和刺鼻的鬍後水味道，野性十足。他帶來的女性友人伊莎貝爾就是他打扮得如此光鮮的原因。他們打算去戈爾代吃午餐，羅伯特心想，何不在享樂的同時順道做生意？這種說法聽起來實在引人無限遐想。

伊莎貝爾看起來還不到二十歲，留著一頭金髮，瀏海蓋過大框墨鏡的邊緣。她穿得很少，只裹著一件奇辣無比的粉紅直筒裙，長度只到大腿根部。羅伯特有禮貌地堅持讓她先走上屋前臺階，他則跟在後頭大飽眼福。他實在可以開堂課教人偷窺的技巧。

當伊莎貝拉忙著化妝時，我帶著羅伯特在屋裡轉了一圈，跟我預料的一樣，他告訴我小偷隨隨便便用把螺絲起子就能闖進我家。門窗和百葉窗經過嚴密檢查後，幾乎全不合格。那麼狗呢？也沒什麼用處，只要幾塊下藥的肉就足以擺平，然後屋子就任由小偷們擺布了。羅伯特突然把我抵住，壓在牆上，過量的鬍後水味道刺鼻。「你永遠不會知道這些禽獸會做出什麼來。」

他把聲音壓低，一副神祕兮兮的樣子，他不想讓我妻子聽到他跟我說的話，因為很粗俗不堪。

他說小偷通常很迷信。他看到的例子比他原以為的還多。在很多案例裡，小偷將房子洗劫一空後，習慣在離開之前在屋裡大便，通常是在地板上，最好拉在地毯上。他們認為這樣會把霉運留在屋裡，而不會跟著他們。到處都是屎，他說這個字時，活像正踩在上面一樣。很噁心耶，不覺得嗎？對啊，噁心還算文雅一點的形容詞呢。

不過，羅伯特說，人生有時還挺公平的。有一整群竊賊就曾經因為這個迷信，被一網打盡。房子被掏個精光，贓物全裝進卡車中，接下來就到進行「告別儀式」祈求好運的時間了。輪到竊盜集團的首領時，卻遇到了一點麻煩。他用盡吃奶的力氣，卻怎麼也大不出來，因為他有非常嚴重的便祕。警察趕到現場時，他還蹲在那裡咒罵呢。

這是個振奮人心的故事，然而我知道根據全國數據統計，我們家只有五分之一的機率會遭到便祕小偷的光顧，我們不能指望這種結局會發生。

羅伯特帶我到外面，提出一個把我家變成堡壘的計畫。在車道盡頭裝上電子自動鐵門，在房子前面設置壓力感應的照明系統，任何體重比雞還重的東西都會被整排強力探照燈籠罩，小偷通常會因此打退堂鼓，逃之夭夭。但為了確保萬無一失，讓你像個孩子一樣安安穩穩一覺到天亮，最好再加裝警報器——讓你的房子發出叫聲。

羅伯特停下來，觀察我對這個可怕計畫的反應，並對正透過墨鏡斜視自己指甲的伊莎貝爾笑了笑，粉紅色指甲與她的裙子完美搭配。

「還好嗎，親愛的？」

她朝他聳了聳曬成蜂蜜色的香肩。我看得出來羅伯特花了一番力氣才把注意力拉回會叫的房子上。

沒錯，只要裝上電子光束，就可以保護所有門窗和比縫隙還大的洞口。即使一個鐵了心的竊賊躡手躡腳設法翻過鐵門，輕巧地穿過泛光燈，只要他的手指一碰觸到門窗，房子就會發出尖叫聲。當然啦，如果想要的話，還可以在屋頂安裝擴音器增強效果，讓尖叫聲傳到幾公里外。

不僅如此，同一個時間內，羅伯特的合夥人就住在戈爾代附近，他的房子和這個系統相連，會火速開車趕來，帶著上膛的手槍和一隻德國牧羊犬。在重重保護下，我絕對可以不受干擾地過上平靜的生活。

聽起來一點也不平靜，我立刻聯想到福斯坦開著曳引機，在清晨六點撞開鐵門前往葡萄園；狐狸、山豬或隔壁養的貓誤闖車道，造成強力泛光燈亮一整夜；以及我可能不小心觸碰到警報系統，不得不在憤怒的武裝人員趕來前向他道歉，以免被他的狗五馬分屍。住在這種像諾克斯堡[6]的地方，簡直就是活生

6 美國陸軍基地。

生的地獄。就算房子的裝備完善到足以抵禦奧古斯都大帝的入侵，也不值得這樣的精神折磨。

幸好此時的羅伯特心不在焉，沒有心思做生意。伊莎貝爾終於對自己指甲狀況滿意，調好墨鏡、拉了拉緊身裙，準備離開。她隔著院子對羅伯特撒嬌。「親愛的，我餓了。」

「馬上就走，親愛的，給我兩秒鐘。」他轉向我，試圖繼續談生意，但他的「警報系統」已經在叫了，我家的安全顯然不是當務之急。

我問他打算去哪裡吃午餐。

「巴士底餐廳。」他說：「你知道嗎？那裡曾是警察局，所謂一日警察，終身警察，你說對不對？」

我說我倒是聽說那裡也是一家飯店，他衝我眨眨眼睛，實在是意味無窮。

「我知道。」他說。

14 穿運動服的美食家

我們從一些朋友口中聽說了荷吉斯這號人物。他們邀他來家裡晚餐，當天早上，他打電話去詢問晚餐菜色。即使在法國這個美食之都，這種事也不常見。朋友的太太對此很好奇。他為什麼要問這個呢？菜單有鑲淡菜冷盤、松露醬汁豬肉、起司和自製的雪酪。有什麼問題嗎？他是不是對某些食物過敏？還是吃素？不會是在節食吧？

當然不是，荷吉斯說。這些菜聽起來都很可口，只是有點小問題，其實是他長了嚴重的痔瘡，沒辦法坐在那裡吃完一頓晚餐。一道菜是他能忍受的極限，所以他想選最能讓他食指大動的那道。相信主人家一定能理解他的難處吧。

因為是荷吉斯，她接受了。她後來跟我們說，荷吉斯是把吃飯當生命的人——幾乎沉迷在吃喝的世界裡。但千萬別把他想成那種暴飲暴食的貪吃鬼，荷吉斯是一個美食家，恰好胃口夠大，而且消息靈通。她還說，荷吉斯對食物的狂熱也讓他很有意思，他在研究英國人對食物的態度上頗有心得，我們可能會有興趣。等他的髖部頑疾痊癒後，不妨彼此認識認識。

然後，在幾個星期後的一個晚上，我們終於見到他了。

他匆匆來遲，懷中還抱著一瓶冰涼的庫克香檳，由於還不夠冰，前五分鐘他一直忙著跟冰桶較勁，想把酒冰鎮到最適合喝的溫度，據他說是三到七度。他一邊轉動著酒瓶，一邊告訴我們他上週去參加的一個災難晚宴。他唯一覺得愉快的時刻是在晚宴即將結束時，一名女客人向晚宴的女主人道別。

「今晚真的很特別，」她說：「每道菜都是冷的，除了香檳。」

荷吉斯笑得渾身發抖，慢慢地拔出軟木塞，非常小心，發出十分細微的氣音，酒瓶就已經打開了。

荷吉斯是名身材魁梧的壯漢，黝黑肉感，長了一雙深邃的藍眼睛，在普羅旺斯人中很罕見。他不像我們穿著傳統的晚宴服裝，只穿了件運動服——淺灰色鑲紅邊，胸前印著樂卡克的商標。腳上同樣穿了雙運動鞋，樣式複雜，橡膠鞋底有好幾層顏色，看起來比較像跑馬拉松的裝扮，而不是來參加晚宴。他發現我在看他的衣服。

「我吃飯一定要穿得舒服。」他說：「沒什麼比得上運動服。而且……」他拉了拉鬆緊腰帶。「……這樣有助於再接再厲吃第二攤，這很重要。」他笑著說，舉起酒杯。「敬英格蘭和英國人，如果他們對美食還這麼故步自封的話。」

我們碰到的法國人或多或少都有點嫌棄英國菜，往往不懂還妄加評論。但荷吉斯不同，他研究了英國人及其飲食習慣，晚餐時，準確地向我們指出哪裡出了問題。

他說，問題從嬰兒期開始。英國人會給寶寶吃清淡的糊狀物，那種東西只能給沒有味覺的雞吃，根本毫無味道可言。而法國寶寶長牙以前，就被當作有味覺的成人看待。荷吉斯舉了個例子，法國的嬰兒食品製造龍頭佳麗雅（Gallia）的菜單就列出比目魚排、雞肉飯、鮪魚、羊肉、肝臟、羔牛肉、格呂耶爾起司、湯、水果、蔬菜、木瓜、藍莓布丁、焦糖布丁和白乳酪。上述所有東西，還沒提到的，都是給不到十八個月大的寶寶吃的。這樣你懂了嗎？味覺需要訓練。

他閉上嘴，低頭對著剛剛上桌的龍蒿雞肉深吸了一口氣，調整一下塞在運動服領口的餐巾。

他接著往前快轉至這些未來美食家的求學階段。他問我記不記得學校的營養午餐？我當然記得，那些恐怖經歷令人難忘，他點點頭，一副很能理解的樣子。他說，英國學校午餐的可怕是舉世聞名的，總是顏色暗糊糊的一團，根本不知道煮的是什麼，你也永遠不會知道自己被迫把什麼東西吞下肚。但在法國，他五歲的女兒正在村裡的學校上學，每星期的菜單都會貼在布告欄上，以免跟家裡重複，每天午餐至少有三道菜。例如，昨天女兒小瑪蒂達吃的是芹菜莎拉、一塊火腿起司鹹派、香腸炊飯和烤香蕉。你看！我們就是這樣訓練味覺的，難怪法國人比英國人更能欣賞美食，品味也更好。

荷吉斯切了一大塊梨子配起司吃，用手裡的餐刀指著我，彷彿英國人不懂吃都是我的錯。「好，」他說，「現在該談談餐廳了。」他悲傷地搖搖頭，兩手攤開放在桌上，掌心朝上，指尖併在一起。「這裡——」他把左手抬起幾公分。「是一間小酒館，看起來不錯，但提供的食物只能充當下酒菜，而這裡呢——」另一隻手舉得更高些。「是專門給商人去的高級餐廳，價格很貴，不過沒關係，反正是公司買單。」

「但是中間呢？」荷吉斯望向雙手間的空隙，嘴角下垂，豐腴的臉上露出失望的神情。「中間是一片沙漠，什麼都沒有。你們的小餐館呢？專供中產階級消費的餐廳呢？你們的路邊小店呢？在英國，除了有錢人，誰能承受得起出外好好吃一頓？」

我想反駁他，卻無話可說。他指出的問題正是我們住在英國郊區時多次捫心自問的問題。在英國選擇確實有限，不是去小酒館，就是去豪華餐廳，選擇少得可憐，帳單上的數字卻很「倫敦」。最後，面對端上來的微波餐點和餐酒，以及外表迷人卻笨手笨腳、名叫賈斯汀或艾瑪的服務生，我們只能放棄。

荷吉斯攪拌著咖啡，考慮著要選擇卡爾瓦多斯酒，還是來自亞維儂曼金那瓶冰鎮過的白梨白蘭地。我問他最喜歡哪家餐廳。

「當然是萊博鎮餐廳啦。」他說：「不過太貴了。」他擺了擺手，彷彿燙到手指似的。「每天吃肯定吃不起，不管怎樣，我比較喜歡純樸一點，沒那麼國際化的餐廳。」

「換句話說，就是更法國式的餐廳。」我說。

「沒錯！」荷吉斯說：「更法國式的餐廳，也更物超所值。這裡各個等級都有，我研究過了。」我相信他有，只是他沒有告訴我任何餐廳的名字，除了萊博鎮——我們得等到彩券中大獎才吃得起。我問他有沒有便宜一些的餐廳？

「如果你喜歡的話，」荷吉斯說：「有兩家很有特色，品質也毫不遜色的餐廳。」他又倒了一杯卡爾瓦多斯酒。「這是幫助消化。」然後往後靠在椅子上。「就這麼定了，」他說：「我帶你去，算是對英國美食教育付出一點貢獻，你太太也要來喔。」她當然會來，可惜荷吉斯的妻子不能參加我們的晚宴，她得在家準備晚餐。

他要我們到亞維儂時鐘廣場的一家咖啡館碰面，屆時他會透露我們要去哪兩家餐廳吃飯。他在電話裡大聲親吻手指，並建議我們下午不要安排其他活動。吃過這頓他安排的午餐後，沒有什麼事比喝杯餐後酒更重要的了。

我們看著他穿過廣場走來，以他的體型來說，這樣的步伐算很輕快了。他穿著黑色籃球鞋和他最正式的運動服，也是黑色的，臃腫的大腿上印著粉紅色的「UCLA」字樣，他手裡提著一個購物籃，還有法國商人用來裝文件和應急古龍水的拉鍊手提包。

他點了一杯香檳，給我們看他剛剛從市場買來的小甜瓜，大小跟蘋果差不多。要把果肉挖出來後，加入葡萄加烈甜酒，在冰箱裡放置二十四小時。荷吉斯向我們保證，這樣嚐起來會就像少女的紅唇一樣。我以前從未想過甜瓜可以有這種味道，只好歸咎於英國人的美食教育不足。

荷吉斯開開心心地捏了捏這些綠綠的小圓球後，放回籃子裡，然後言歸正傳。

「今天我們要去伊爾利餐廳，」他說：「就在共和國街上。皮耶．伊爾利是烹飪界響噹噹的人物。幹這一行已有二十甚至二十五年之久，而且他是個天才，做出來的菜從不讓人失望。」荷吉斯朝我們晃了晃手指。「絕不！」

除了門口陳列著一本用木框裱起來的菜單外，伊爾利餐廳並不刻意招攬客人。打開狹小的門後，是一條窄窄的走廊，餐廳就位於樓梯盡頭。餐廳內部空間很大，鋪著漂亮的人字形鑲木地板，裝飾色彩樸素，桌子間隔著舒適寬敞的距離。這裡和大多數高檔法國餐廳一樣，單獨來的客人和六人以上的團體都享有同等待遇。單人座位不是後來才增設擠在冷清的小角落，而是擺在靠窗的凹室，俯瞰大街。這些座位已經被西裝筆挺的客人占滿，看起來像本地的商人，不得不在兩小時內快速解決午餐，然後趕回辦公室。其他客人除了我們以外，全是法國人，都穿得比較隨便。

我記得有一次在英國的時候，我被薩默塞特（Somerset）一家裝腔作勢的高級餐廳拒之門外，就因為我沒打領帶。我在法國從來沒遇過這種事。而荷吉斯在這裡，穿著運動服，一副剛從減肥健身房逃出來的模樣，受到伊爾利太太的隆重歡迎。他把購物籃交給她，順道問候伊爾利先生的身體可好。伊爾利太太笑了笑。「很好，還是老樣子。」

我們被帶到座位時，荷吉斯面帶笑容，搓著雙手，使勁嗅著空氣試圖猜出今天的菜色。他說，在另一家他喜歡的餐廳，廚師允許他進入廚房，他就會閉上眼睛，用鼻子選菜。

他把餐巾塞進領口，和服務生低聲說話。「大瓶的嗎？」服務生問。「大瓶的。」荷吉斯回答。一分鐘後，一大瓶裝了液體的玻璃瓶放到我們面前，瓶壁因為冰過而布滿霧氣。荷吉斯變得專業起來，我們要開始上課了。「在任何一家認真的餐廳，」他說：「都可以相信他們自釀的葡萄酒。這是隆河丘產的酒，乾杯。」他喝了一大口，在嘴裡咀嚼幾秒鐘，隨即發出滿意的嘆息聲。

「現在，我給你們一些點菜的建議怎麼樣？你們看，這裡有品嚐套餐，雖然美味，但對於一次簡單的午餐而言，可能太花時間了。單點不錯，但我們要記住來這裡的目的。」他越過酒杯看著我們。「這樣你們會明白什麼叫物超所值。只要花個五百法郎，任何一個好廚師都能讓你吃得很好。最大的考驗就是能用一半的價錢獲得滿足。所以，我建議點這份短菜單，好嗎？」

我們都表示同意。這份精簡的菜單就足以讓米其林指南的評審員垂涎三尺，更別說我們這種把吃當興趣的英國人了。我們艱難地點好餐，荷吉斯則看著酒單，輕輕哼著歌。他向服務生招手，再次低聲跟對方交談。

「我打破原則了。」荷吉斯說：「餐廳的推薦酒單當然不會出錯，但這裡，」他輕拍眼前那頁。「有一種更好喝的酒，也不貴，產自艾克斯以北的特雷瓦隆酒莊，不算太烈，卻很有名酒的特色，你喝喝看就知道了。」

一名服務生到地窖取酒的時候，另一個服務生送上一些小點心，讓我們不至於在第一道菜上來前無事可做——一個個裝著奶油酒香鱈魚的小盅，上面以小鵪鶉蛋和黑橄欖點綴。荷吉斯悶不作聲地專心吃起來。我聽見軟木塞從酒瓶拔出來的聲音，服務生在一旁輕聲細語，還有刀叉碰到薄瓷盤的叮噹聲。

荷吉斯用一塊麵包把鱈魚盅抹乾淨，然後又倒了些酒。「開胃菜不錯吧？」

接下來的午餐就跟開頭一樣愉快。先是鵝肝餡餅淋上濃稠的蘑菇蘆筍醬，接著是自製的錫斯特龍烤羊排佐鼠尾草，配上甜紅洋蔥醬，另外還有一個盤子裝著一層不比餐巾厚的焗烤馬鈴薯，酥脆得入口即化。

肚子稍稍填飽後，荷吉斯又能繼續我們的話題了。他告訴我們他正在考慮寫一篇論文，報上說研究薩德伯爵的國際中心會在亞維儂藝術節期間開幕，到時將上演一部歌劇，以紀念這位神聖的伯爵與以他命名的一種香檳。這些活動說明公眾重新燃起對這個老魔頭的興趣，而正如荷吉斯說的，性虐待狂也需要吃飯，所以他打算設計一套特別的食譜。

「我準備把這一系列菜取名為『虐待狂饗宴：薩德伯爵的食譜』。」他說：「所有食材都要經過敲打、攪打、綑紮、壓碎或燒灼。在食譜描述中會使用很多痛苦的字眼，我敢保證在德國一定會大賣。不過你必須跟我說說一些關於英國人的事。」他靠過來，聲音變得神祕兮兮。「是不是所有上過公立學校的英國男人都喜歡……怎麼說呢……受到一點懲罰？」他抿了口酒，挑起眉毛說：「比如打屁股，對嗎？」

我告訴他，他應該找一位上過伊頓公學的出版商，並設計一本包括鞭打的食譜。

「鞭打是什麼意思？」

我盡我所能地解釋給他聽，荷吉斯點點頭。「對呀，也許可以把雞胸肉加以鞭打，然後淋上味道強烈的香櫞醬，太棒了。」他那雙乾淨小巧的手在支票簿背面做筆記。「我敢說這書絕對會很暢銷。」

暢銷書的事暫且擱下，荷吉斯帶我們參觀了起司展示推車，時不時停下來教我們和服務生如何分辨起司軟硬，是辛辣還是溫和，是陳年還是新鮮。他從二十不同的起司中選出五種，並慶幸自己有先見之明，猜到我們會想再點一瓶特雷瓦隆酒。

我咬了一口辛辣的山羊起司，眼鏡下方的鼻梁沁出汗水。這時酒如絲綢般滑落喉嚨。這頓飯在高度專業的服務生提供的高效率服務下，吃得極其滿意。我對荷吉斯表示我吃得很愉快，他驚訝地看著我。

「可我們還沒有吃完呀，後面還有很多呢。」一盤蛋白霜便端上了桌。「啊，」他說：「這是為了等一下要上的甜點準備的，吃起來就像雲朵般綿滑。」他一連吃了兩個，同時四處張望，確保送甜點的服務生沒有把我們忘了。

另一輛更大、裝了更多東西的推車小心翼翼地往我們這桌推來，停在我們前面。這些食物會讓在減肥的人感到深深的苦惱：鮮奶油、白乳酪，蓋著一堆巧克力的松露巧克力蛋糕、酥皮點心、冰淇淋蛋糕、蘭姆酒漬蛋糕、水果塔、雪酪、野莓和糖漿水果——東西太多了，顯然沒辦法讓荷吉斯一目瞭然，他站了起來，繞著推車走一圈，確保新鮮的覆盆子後方沒有藏任何東西。

我妻子選了用當地特產蜂蜜製成的冰淇淋，服務生取出泡在熱水中的勺子，優雅地轉動手腕，從桶裡挖出一球漂亮的冰淇淋。他端著盤子和勺子，站著等候下一步指示。「要加什麼料呢？」

「就這樣，謝謝。」

我妻子不敢點的，荷吉斯全要了，稱這些都是所謂的**口感**——巧克力、蛋糕、水果、鮮奶油。他把運動服的袖子捲到手肘，即便是他，這架勢也展現出一絲急不可耐。

我點了咖啡。空氣陷入一陣驚訝的沉默，荷吉斯和服務員都看著我。

「不要甜點？」服務生說。

「甜點包含在菜單裡。」荷吉斯說。

他們兩人似乎都很擔心，彷彿我突然變得很不對勁，但這沒有必要。伊爾利餐廳已經讓我輸得心服口服。

結帳時，加上酒錢，每個人兩百三十法郎，真是物超所值。只要每人兩百八十法郎，我們就可以細細品嚐他們家一長串的品嚐菜單。「下次吧。」荷吉斯說：「對，下次再來，記得提前三天不吃飯，外加健走十五公里。」

下一次的美食課延期了，荷吉斯要進行他的年度治癒儀式。整整兩個星期以來，他都吃得很少，用每頓飯三道菜取代他習慣的五道菜。為了養肝，他只喝礦泉水，這對他消化系統的新陳代謝很重要。

為了慶祝養生結束，荷吉斯提議到一家名叫「刁嘴」的餐廳吃午餐，要我最晚在十一點四五分前到那裡與他會合，以確保有位子。餐廳位於奧爾貢

（Orgon）的七號公路上，只要看到停車場上停了很多卡車就是了，應該很容易找到，並且不用穿正式服裝。在這種大熱天，我妻子頭腦比我清楚，決定留在泳池邊避暑。

我到達的時候，餐廳周圍停滿了卡車，車廂之間停得很近，擠在樹蔭下。超過六輛汽車載運車一輛接一輛停在對面的路肩上。來晚的人只好把車開下大道，擠進餐廳旁邊的一塊狹小空地上，隨後滿身大汗地鬆了口氣。司機在陽光下站了一會兒，放鬆背部，脊椎向後彎曲，形狀和正面隆起的大肚腩完全一致。

酒吧裡人滿為患，非常嘈雜，到處都是體型高大的壯漢，留著大鬍子，有著大啤酒肚和大嗓門。荷吉斯端著酒杯站在角落裡，和他們比起來簡直算得上苗條。他的穿著很符合七月，一身跑步短褲、無袖背心，手腕上掛著一個手提袋。

「嗨！」他喝光手上的茴香酒，又叫了兩杯。「這裡跟伊爾利完全不一樣，對不對？」

簡直是天壤之別。吧台後方貼著一張告示，因為老闆娘時常揮著抹布而留下濕濕的印子。上面寫著：「危險！小心挨罵！」透過廁所敞開的門，我瞥見另一張告示：淋浴，八法郎。從不知在哪裡的廚房傳來鍋鏟的碰撞聲和爆香大蒜的香辣味。

我問荷吉斯養生一段時間後感覺如何，他側過身向我炫耀他的肚子。吧檯後面的老闆娘正用木勺舀去啤酒泡沫，抬起頭來盯著他看。她仔細端詳荷吉斯胸膛下方的曲線，視線最後停在跑步短褲的鬆緊帶處。「什麼時候生呀？」她問。

我們走進餐館，在後面找了一張空桌子。一個個子嬌小、深膚色的女人帶著燦爛的笑容，露出一條怎麼樣都調整不好的黑色肩帶，走過來告訴我們餐廳的規矩。第一道菜要自己去自助吧拿，可以從三樣主菜中任選一樣，有牛肉、魷魚和農家出產的土雞。他們的酒單只有少少幾樣，紅酒或粉紅酒，都用塑膠瓶蓋的一公升瓶裝著，附有一碗冰塊。女服務生祝我們用餐愉快，稍微屈膝行禮，猛地拉了拉內衣肩帶，帶著我們的點餐單走開了。

荷吉斯誇張地做出推開瓶塞的樣子，聞了聞塑膠瓶塞。「瓦爾省（Var）的酒，」他說：「不裝模作樣，很實在。」他喝了一口，慢慢把酒往門牙頂。「不錯。」

我們加入了卡車司機排隊取菜的行列。人們個個努力地用手平衡盤子，盤內堆滿各式各樣食物，其豐富程度足以構成一餐：兩種乾臘腸、沾了蛋黃醬的水煮蛋、一球球西芹沙拉、藏紅花飯佐紅甜椒、豌豆配切片紅蘿蔔、豬肉凍糕、法式熟肉醬、涼拌魷魚和新鮮甜瓜切片。荷吉斯抱怨盤子太小，一下拿了兩個，他像專業服務生那樣把第二個盤子放在前臂內側，然後每道菜都夾了一點。

我們回到座位時一陣慌亂，實在無法想像用餐時不配麵包。麵包去哪了？

荷吉斯向一位女服務生示意，把一隻手舉到嘴邊，彎起手指和拇指，做出啃咬的動作。她從角落的牛皮紙袋中抽出一根法式長棍麵包，以驚人的速度在切麵包機下切好。當麵包片放在我們面前時，仍未從擠壓的狀態下恢復原狀。

我對荷吉斯說，也許他可以把切麵包機寫進他的薩德伯爵食譜。他剛好在吃臘腸，停下了動作。

「也許吧。」他說：「不過跟美國市場打交道要格外當心。你有聽說過香檳進入美國市場時，遇到多少麻煩嗎？」

顯然，荷吉斯是在報紙上看到這些消息。薩德伯爵香檳因為商標的問題，在自由國度不受歡迎。酒瓶上有一個身材豐滿的年輕女人半身像，照理說應該沒有問題，但眼尖的道德魔人卻覺得女子的手臂位置很不對勁，商標沒有畫出來，但他們覺得有細微的跡象顯示女子的手臂是被綁住的。

哦啦啦。想想這種墮落的行為將對整個國家的年輕人造成多大的影響，更別說一些感情充沛的成年人了。美國社會的架構或許會因此崩塌，從聖塔巴巴拉到波士頓沿途充斥著香檳和虐待派對。天曉得康乃狄克州還會發生什麼事？

荷吉斯繼續吃東西，餐巾塞在背心領口。隔壁桌的先生正在吃第二道菜，解開襯衫的鈕扣好讓空氣流通，露出紅褐色的啤酒肚，毛茸茸的胸口懸掛著一條耶穌受難的金色十字架。少數人吃飯挑挑揀揀的，我在想，不知道他們要怎麼保持清醒，坐在五十噸卡車的方向盤前整個下午？

我們用麵包把空盤子抹乾淨，然後用同樣的方式刮掉刀叉上的沾醬。服務生端來三個橢圓形的不鏽鋼盤，燙得滋滋作響。第一盤是兩片淋著濃厚肉汁的雞肉，第二盤是大蒜西洋芹番茄盅，第三盤是香草烤迷你馬鈴薯。荷吉斯每盤都聞了聞，才遞給我。

「在英國，長途卡車司機通常都吃什麼？」

「兩個蛋、培根、薯條、香腸、烤豆子、一片烤麵包，配上一杯茶。」

「他們不喝酒嗎？也沒有起司和甜點？」

儘管我對卡車司機的認識十分有限，但想來大概沒有這些東西。我回答，他們中途可能會去酒吧暫作休息，但英國法律對酒後駕車的處罰很嚴厲。

荷吉斯又倒了些酒。「在法國，」他說：「聽說法律允許喝一杯開胃酒、半瓶酒和一杯餐後酒。」

我說我在某處看過報導，說法國發生交通意外的機率比歐洲其他地方還高，甚至是美國的兩倍。

「這其實跟喝酒沒關係。」荷吉斯說：「問題出在法國人的民族性。我們缺乏耐心，喜歡超速。不幸的是，不是所有人駕駛技術都很好。」他把盤子內的食物一掃而空，換了一個比較輕鬆的話題。

「這雞肉的味道很棒，你不覺得嗎？」他從盤中拿起一根骨頭，放在嘴裡咬了咬。「骨頭強韌，這是放養雞，經過良好的飼育。飼料養的雞骨頭咬起來就像在嚼蠟一樣。」

這雞的確很好吃，肉質扎實滑嫩，煮得恰到好處，馬鈴薯和蒜頭番茄也一樣。這地方的料理不僅水準和分量讓我驚訝，而且我敢保證價格不會讓人心痛。

荷吉斯又一次把刀叉擦乾淨，招呼女服務生端上起司。

「理由很簡單。」他說：「卡車司機是很好的客源，非常忠誠。寧願多開五十公里，也要吃到好吃又便宜的東西，而且他們會免費替餐廳宣傳，告訴其他司機這家餐廳值得嚐一嚐。只要餐廳的料理維持水準，就會永遠座無虛席。」他手裡叉了塊布里起司，指向其他桌的客人。「你看。」

我環顧四週，一下便放棄數數的念頭，餐廳裡吃飯的卡車司機肯定不少於一百人，加上酒吧那裡，可能還有三十幾個。

「這是很實在的生意。假如廚師變得小氣，開始偷工減料，或是服務太慢的話，卡車司機就不會再來光顧了。用不了一個月，就會沒人上門，最多只剩幾個觀光客。」

外面傳來一陣轟隆聲，一輛卡車從窗戶旁的位置開走了，餐廳裡突然變得光亮無比。隔壁桌掛十字架的客人把太陽眼鏡戴上，繼續吃他的飯後甜點——一碗三種不同口味的冰淇淋。

「冰淇淋、焦糖布丁還是酥皮塔？」女服務生終於把內衣肩帶拉好了，但是在她清理我們的桌面時，又滑了下來。

荷吉斯吃著他的焦糖布丁，滿足地發出吸吮聲，然後順手把我點的冰淇淋也吃掉了。我可能一輩子都當不了卡車司機，我實在沒那麼大的胃口。

現在時候還早，不到兩點鐘，餐廳人潮漸漸散去。客人們一一付帳，粗壯的手指從精緻的小錢包中取出疊好的鈔票，女服務生面帶微笑，鞠躬，拉肩帶，找錢，最後祝客人一路順風。

我們喝著雙倍濃縮咖啡，黑色滾燙的液體上方浮著棕色的泡沫，還有裝在圓滾滾小玻璃杯裡的卡爾瓦多斯酒。荷吉斯將玻璃杯傾斜，直到杯子的圓壁碰到桌面，金黃色的液體剛好溢到杯緣。他說這是判斷這酒質地純不純的古老方法。

我們兩人的帳單加起來一共一百四十法郎，和我們在伊爾利餐廳的午餐一樣物超所值。唯一讓我覺得有些後悔的是，一走出餐廳，我便感受到太陽熱浪的威力。如果我有帶毛巾來，倒可以沖個涼。

荷吉斯說：「這頓飯可以讓我一直撐到晚上。」我們握手道別，他向我預告下一次的課外教學活動是去馬賽吃馬賽魚湯。

我又回到酒吧，再點了一杯咖啡，看看能不能租一條毛巾。

15 梅內爾伯犬展的時尚和運動紀實

梅內爾伯體育場是一塊被葡萄園圍繞的平地，平常主要是讓鎮上的足球隊在這裡盡情熱情激昂地比賽。或許會有幾十輛車停在松樹下，球迷邊觀賽邊吃著豐盛的午餐。不過，一年當中有一天，通常是六月的第二個星期日，體育場會另作他用。黃、紅色的彩旗會掛滿整條林蔭大道，代表了普羅旺斯人的熱血與膽識。雜草叢生的空地清理後，作為額外的停車場，路邊密密麻麻地豎起竹條編織的柵欄，以防行人不付十五法郎的入場費，看免費比賽。畢竟這是當地的一個重大活動，結合了克魯夫茨狗展和阿斯科特賽馬的盛會——梅內爾布犬展。

今年開場得早，也比以往熱鬧。七點剛過，我們打開門，拉開百葉窗，剛想好好享受一週之中唯一寧靜的週日早晨。這時候，鄰居的曳引機還在家休息。鳥兒在歌唱，陽光普照，山谷裡一片靜謐，多麼平和。然後，在一公里外的山丘上，主持人開始測試麥克風，電子尖聲響徹山林，恐怕半數的呂貝宏人都被吵醒了。

「喂、喂，一、二、三，早呀，梅內爾布！」他停下來，咳嗽清了清嗓子，發出彷彿雪崩的聲音。「好，」他說：「機器沒問題。」他把音量調小，轉到蒙特卡羅廣播電台。寧靜的早晨就這麼沒了。

我們決定下午再去看展覽。到時候，預賽已經結束，品種不好和表現不好的狗都會被淘汰，大夥兒都用過午餐了，業內最出色的狗兒的比賽也將在場內展開。

中午的鐘聲一響，擴音器安靜下來，背景此起彼伏的吠叫聲，變成偶爾才發出幾聲低吠，聽起來像單相思或無聊，像是一首哀傷的小夜曲。除此之外，山谷裡沒有任何東西。在這兩個小時內，狗和其他東西都被排在第二順位，填飽肚子最重要。

「大家都吃飽了嗎？」擴音器又喊了起來，麥克風隱隱傳來打嗝聲。「好啦，比賽重新開始。」於是，我們便動身前往體育場，沿著小路往回走。

停車場上方的一塊陰涼空地早就被一群商界菁英所占據，他們出售各種品種犬或雜交品種，以及有特殊技能的狗——會狩獵野豬、野兔，找出鵪鶉和山鷸。這些狗在樹下被鎖鏈串成一圈，在睡夢中抽搐。主人都看起來像吉普賽人：身材修長，皮膚黝黑，濃密黑色的八字鬍中露出金牙。

其中一人注意到我妻子對一隻黑褐色的小狗很感興趣，牠外表皺巴巴的，用巨大的後爪懶洋洋地搔著耳朵。「牠很漂亮，對吧。」狗主人說，咧開了嘴。

他彎下腰，抓了一把狗後腦勺鬆散的皮毛。「牠生下來就像裹了個袋子，你可以直接提回家。」那隻狗生來就長了一身厚重的毛皮，無奈地抬起眼皮，腳爪停在半空中。我妻子搖了搖頭。「我們已經養了三隻。」男人聳聳肩，讓狗的毛皮重重垂下。「養三隻還是四隻有什麼差？」

我們沿著運動跑場繼續往前走，賣狗的手法更加五花八門。一個由膠合板和鐵絲網做成的籠子上寫著說明：獵狐㹴，專獵優質的兔子和松露，真正的冠軍。冠軍是一隻短小肥胖、毛色棕白夾雜的狗，四腳朝天的在地上睡覺。我們幾乎沒有放慢行進的速度，但對精明的狗販子來說已經夠了。「很漂亮吧？」他叫醒那隻狗，把牠從籠裡抱出來。「打個招呼！」他把狗放到地上，從廂型車引擎蓋上空酒瓶旁的錫盤子裡拿起一片臘腸。

「很棒的傢伙。」他說：「這些狗在打獵時，沒有東西能分散牠們的注意力。牠們會變得渾身僵硬，你按住牠的後腦勺，牠的後腿就會抬起來。」他放下臘腸，在上面蓋了片樹葉，讓狗去找，然後把腳壓在狗的後腦上，那隻狗吠了一聲，咬了他的腳踝。我們繼續往前走。

體育場正在從午飯中甦醒過來，樹下零星地放著小摺疊桌，上面還有食物殘渣和空玻璃杯。一隻西班牙獵犬成功地跳上桌子，把食物殘渣吃乾淨，下巴枕在盤子上睡著了。由於吃得飽飽的，觀眾頂著炎熱的天氣慢慢地移動，他們一邊剃牙，一邊欣賞當地軍火商展示的獵槍。

三、四十支槍整齊地在長桌上一字排開，其中包含一支最新的黑色拉推式防暴槍，吸引了許多目光。如果森林裡真的有一大群殺手兔在肆虐，這把武器無疑能讓牠們維持秩序。但有些展列品令我們摸不著頭腦，哪個獵人會需要用到銅指虎和手裡劍這種據介紹牌說是日本忍者使用的武器？這場展示會跟英國狗展上賣的橡膠骨頭和嗶嗶叫的玩具簡直天壤地別。

俗話說得好，狗狗和主人待在一起，往往會有幾分神似。在世界上其他地方，這可能僅限於外表相像——擁有相似下顎的女士和她養的巴吉度獵犬、眉毛濃密的矮個子男人和蘇格蘭梗犬、憔悴的前騎師帶著他們的惠比特犬。但是，法國就是法國，總會刻意利用時尚把狗和主人搭配起來，以突出整體效果。

狗狗選美大賽中有兩名選手脫穎而出，完全搭配得天衣無縫，顯然他們也很喜歡受到底下土包子觀眾的注目。女子選手部分，一位金髮女郎穿著白襯衫、白短褲搭配白牛仔靴，用白牽繩牽著一隻白色迷你貴賓，傲然地走到台邊，翹著蓮花指喝著一瓶柑橘氣泡果汁。鎮上那些穿著裙子和平底鞋的女士們用挑剔的眼光看著她，使出往往在肉店挑肉才會有的那種態度。

男子組則由一位矮胖的男人和一隻與腰齊高的大丹狗拿下。那隻大丹很乾淨，皮毛黑得發亮。主人穿著緊身黑T恤，黑色貼身牛仔褲搭配黑色牛仔靴。狗戴著一個很重的黑色項圈，主人戴著一條纜繩般的項鍊，還掛著一枚獎牌，走一步就撞在他的胸口，還戴了一條類似的手鍊。或許是疏忽吧，狗沒有戴手鍊，但他們高高在上擺的姿勢，讓人感到架勢十足。主人做出必須耗費力氣才能制服這頭猛獸的樣子，粗魯地拉著項圈，大聲吼叫。狗狗就是一隻平靜溫順的大丹狗，沒有領會要裝出兇狠或桀傲不馴的模樣，反而彬彬有禮，饒有興趣地看著在他胯下竄來竄去的小狗。

我們在估算那隻大丹狗的好脾氣還會維持多久，才會把像蒼蠅般在牠後腿繞來繞去的小狗吃掉。這時候，手捧彩券的馬修先生突然出現。只要十法郎，我們就有贏得當地商人捐贈的體育用品和大吃一頓的機會。獎品有一輛登山自行車、一台微波爐、一把獵槍還有美心牌臘腸。獎品中沒有小狗讓我鬆了口氣。馬修先生撇了撇嘴。「你們永遠不會知道臘腸用什麼做的。」他說，看到我妻子一臉驚恐，便拍拍她。「開玩笑的啦。」

事實上，參加展覽有足以製作成山臘腸的小狗。幾乎在每一棵樹下、毛毯上、紙箱裡、自製狗屋或舊毛衣裡，都可以看到狗成群躺著，或蜷成一團扭來扭去的身影。我們從一群伸著幾十隻腳、毛茸茸的狗堆移動到下一個地方時，都在接受煎熬的考驗。我妻子對任何有四隻腳、鼻子潮濕的動物都很容易動感情，狗販的推銷手法尤其無恥。只要表現出一點興趣，他們就會從小狗堆中抱出一隻塞進她懷裡，狗狗在她懷中很快就睡著了。「看！多可愛！」那一刻，我便可察覺她又心軟了。

幸好，這時擴音器傳來介紹比賽現場解說專家的聲音，替我們解了圍。專家一身獵人裝扮——卡其帽、襯衫和長褲，說話帶著低沉的菸嗓。他似乎不習慣用麥克風講話，而作為普羅旺斯人，講話的時候總習慣揮舞著雙手。所以，當他不停用麥克風指著場上的各個地方時，聲音變得斷斷續續的。

比賽的選手在遠處排成一列，六隻指示犬和兩隻品種不明的棕狗。體育場上隨意放了幾堆小灌木叢。比賽的戰利品——由飼養員高高舉起、活生生的鵪鶉將被藏在裡面。

解說員使用麥克風的技術好很多，我們終於能夠聽到他的解說。鶴鶉將被綁在不同的草叢裡，參賽的狗兒要把牠找出來，但不能咬死（除非鶴鶉被嚇死），只能指出藏匿地點，由速度最快的狗獲勝。

鶴鶉被藏好後。一號參賽者首先上場。牠在前兩個草叢聞了聞便走開了，然後在距第三個草叢幾公尺遠的地方站直，停了下來。

「噢，這隻狗很厲害呢。」解說員喊道。狗被他講話的噪音吸引了注意力，抬頭看了看，才繼續往前走。牠走得很慢，小心翼翼地把腳掌踩在地上，接著抬起另一隻腳，脖子和頭都探進草叢裡，解說員讚美牠的專注與優雅，但牠絲毫不受干擾。

在距離石化的鶴鶉一公尺遠時，狗僵住了，抬起一隻前爪，頭、脖子、背部和尾巴形成完美的一條直線。

「牠找到了！太棒了！」解說員說，拍起手來，忘記自己手上還拿著麥克風。主人喚回他的狗，一人一狗邁著勝利的小跑回到起點。計時人員是一位穿著高跟鞋和黑白相間洋裝的女士，把比賽成績記在計分板上。負責藏鶴鶉的人衝出來重新把鶴鶉藏在另一個草叢裡，第二位參賽者出場。

牠立刻走到剛才鶴鶉被逮住的樹叢邊，停了下來。

「沒錯，」解說員說：「那裡氣味還很濃，等一下吧。」大家等著，狗兒也等著。後來牠累了，或許對被派來幹這種蠢事感到不滿，便抬起腿往草叢撒泡尿後，跑回主人身邊。

藏鶴鶉的人把那隻倒楣的鶴鶉重新藏了一遍，現在牠身上的氣味顯然特別濃，因為出場的狗兒一隻又一隻停在空草叢旁，抬起頭，試探性地抬起爪子，然後放棄。站在一旁的老先生解釋給我們聽。他說，應該要將鶴鶉從一個樹叢帶到另一個樹叢，沿途留下氣味。不然還能怎麼指望狗找到牠？牠們又不會透視。老人搖搖頭，用舌頭抵著牙齒，發出不贊同的嘖嘖聲。

最後的參賽者是其中一隻棕狗，看到對手一隻隻敗下陣來，顯得越來越興奮，不耐煩地發出嗚咽聲，扯著狗繩。輪到牠上場時，牠顯然誤解了比賽規則。完全忘了還有鵪鶉和草叢這檔事，以飛快的速度繞完體育場一圈，一頭衝進葡萄園，牠的主人大喊大叫地緊追不捨。「哦啦啦，」評審說：「一個火車頭，太可惜了。」

太陽漸漸西沉，影子被越拉越長，「哲學家」狩獵俱樂部的會長杜佛先生為獲勝者頒了獎，然後坐下來跟同事們一起享受西班牙海鮮燉飯。天黑以後，我們隱約可以聽到遠處傳來的笑聲和碰杯聲，以及在葡萄園某處，還有人在大聲地呼喚著他的棕狗。

16 走進亞維儂腹地

當天還灰濛濛的時候，位於亞維儂中心的庇護廣場（Place Pie）景象一片淒涼。廣場的建築風格雜亂，破舊但典雅的老式建築佇立兩旁，居高臨下地望著一座醜陋的現代都市紀念碑。一位建築系的畢業生免費提供這個水泥設計，把整個廣場的景觀搞得糟透了。

在這座有礙觀瞻的紀念碑四周，鋪著粗糙的石板，石板上擺了好幾張長椅，供走累的遊客坐下來休息，看看另一個更刺眼的東西——一幢褪色的三層水泥建築物，平日早上八點，裡面就擠滿了車。這些車和我會在這個時間身在庇護廣場，欣賞天剛亮映在水泥牆上的紅光，是因為在那停車場下方，有亞維儂最棒的美食市場——勒阿爾市場（Les Halles）。

我到的時候離六點只剩幾分鐘，把車停在二樓為數不多的空位。我看到下方廣場兩名流浪漢，膚色跟他們坐的長椅很像，一起分享一瓶一公升的紅酒，輪流就著瓶口喝。一名憲兵上前趕人，雙手插腰目送他們離開。他們彷彿失去希望、漫無目的般，垂頭喪氣地走到對街人行道旁坐下。憲兵聳了聳肩，轉身離開。

一走進勒阿爾市場，便能感受到氛圍突如其來地轉變，與安靜、沉悶空曠的廣場截然不同。門的一邊是仍在熟睡的城鎮，另一邊則是燈火通明、五光十色，充滿喧囂和笑聲，是個忙碌而嘈雜的工作日。

我不得不側過身，免得和一輛滿載桃子的手推車相撞，男人一邊大喊：「叭！叭！」一邊推著車迅速拐過轉角。其他推車緊跟在後，貨物晃來晃去。

我想找個地方躲避這些高速移動的水果和蔬菜箱，隨即衝往招牌寫著「小酒館」的店。如果要被撞到，我寧願是在酒吧。

招牌上寫著酒館老闆的名字：傑克和伊莎貝爾，人群將他們團團包圍。酒吧裡人滿為患，出現三個人看同一份報紙的情形，附近所有桌椅都被先來的人占據吃早餐，也可能是午餐，只憑食物很難看出來。可頌麵包浸在濃郁的法式熱咖啡裡，旁邊放著好幾杯紅酒和一條跟前臂一樣長的臘腸三明治，或是啤酒配熱騰騰的脆皮薄披薩。我也有股衝動想來頓完美的早餐，半品脫紅酒搭配臘腸三明治，但我只有在通宵工作時，才會在清晨來一杯酒犒賞自己。於是我點了咖啡，試圖從周遭一片混亂中找出一點守秩序的樣子。

勒阿爾市場占地約六十平方公尺，幾乎每寸土地都沒有浪費。三條主要通道將大小不一的攤位分開，在早晨的這個時間點，實在難以想像客人要怎麼走到攤位前。很多攤子前面都堆著高高一疊板條箱、破紙箱和一綑一綑的紙吸管，地上則是一堆爛菜，在最後交貨時掉出來的萵苣葉、壓扁的番茄和四季豆。

攤販老闆忙著寫當天價格和整理商品，騰出五分鐘的空擋去酒吧，大口灌下由女服務生端來的咖啡，她身手矯健地跨過板條箱，一隻手穩穩地端著托盤。她甚至有辦法在魚販四周的高風險區站穩。地上有冰很滑，一個穿著橡膠圍裙的男人用他粗糙、有刮痕的雙手把冰鏟到鋼製展示架上。

鏟冰的聲音就像碎石砸到玻璃上。而在喧嚷的市場裡，另一個讓人難受的聲音是屠夫用剁刀以極快的速度砍斷骨頭和肌腱。為了他們的手指好，希望他們早上沒喝酒。

半個小時後，我終於可以安全地離開酒吧。成堆的板條箱已被搬離，手推車也放在一旁；現在擁擠的不是推車而是人。店家拿著掃帚清掉掉到地上的菜葉，在尖刺狀的標籤貼紙寫上價格，打開收銀機，喝咖啡。勒阿爾市場開門營業。

我從未在室內看過這麼多新鮮的食物和玲瑯滿目的商品。一共有五十個攤位，很多攤只專賣一種產品。有兩攤專賣各種想像得到的橄欖產品：希臘風味橄欖、香草油佐橄欖、西班牙辣椒炒橄欖、尼永斯橄欖、萊博橄欖和小小顆看似黑李或細長綠葡萄的橄欖。這些橄欖在低矮的木盆裡一字排開，閃閃發光，彷彿每顆橄欖都被擦得晶瑩剔透。最後面是唯一非橄欖的商品，一桶來自科利尤爾的鯷魚，味道醃得比沙丁魚還重，我俯身聞到一股強烈、鹹澀的氣味。櫃檯後的女士要我嚐嚐看，配上一顆飽滿的黑橄欖。她問我知不知道怎麼把橄欖和鯷魚醬做成酸豆橄欖醬？一天吃一罐會長命百歲。

另一攤則專賣任何禽類的肉。拔好毛綁起來的鴿子、閹雞、鴨胸和小鴨腿、三種雞中的貴族，以及最高級的布雷斯雞，脖子上掛著像獎牌的紅、白、藍三色標籤。上面寫著「由布雷斯家禽同業工會監製」。可以想像精挑細選的雞從權威會員手中獲得獎牌，幾乎可以保證他們會依照傳統親吻鳥喙兩側。

魚攤沿著牆排成一排，滿滿當當都是魚，大約有四十公尺長，魚鱗和魚眼閃閃發亮。碎冰堆成一排排小堤，散發出大海的氣味，將魷魚和染血的鮪魚、赤鮋和鱸魚、堆成小山的蛤蠣、軟塌的烏賊、玉黍螺、小灰蝦、帝王蝦、油煎和做湯的魚，以及深黑色的龍蝦分開，櫃檯放了一盤黃色的檸檬。魚販熟練地用細長的刀切開魚肚，取出內臟，橡膠靴踩在濕轆轆的石板上發出嘎吱嘎吱的聲音。

快七點了，第一批主婦開始圍在攤子前又戳又捏，想著晚上要讓什麼食材下鍋。市場營業的時間是早上五點半，前半小時開放批貨和餐廳業者進場，但沒人敢阻擋一個來勢洶洶的亞維儂婦女趕在六點前買完菜。我們常說早起的鳥兒有蟲吃，而想要撿便宜，就得趁收攤前。

但誰能在一堆誘惑中把持得住？短短的時間內，我便已經在心裡吃了不下十餐。一碗放養雞的紅殼雞蛋做成的巴斯克燉菜，搭配隔壁攤的貝雲火腿和再過去的胡椒。這個想法促使我繼續前進，直到我看見了燻鮭魚和魚子醬。但這裡有起司、臘腸、兔肉和豬肉醬，絕妙的熟肉抹醬和油封鴨——無不讓人食指大動。如果不全吃過一輪，那就太瘋了。

我差點要放棄考察，直接在停車場野餐。我要買的東西——包括麵包和葡萄酒——攤子的距離不超過二十公尺，看起來新鮮誘人。還有什麼比用這種方式開始新的一天更好？我發現一直處在這樣的環境激起了我的食慾，讓我的生理時鐘提前了好幾個小時。手錶顯示七點三十分，但我的肚子餓得咕咕叫，時間什麼的見鬼去吧。我決定要再來杯咖啡。

勒阿爾市場有三間酒吧——傑克與伊莎貝爾、西里爾與伊芙琳，和最危險的琪琪之家，在大多數人起床前便開始供應香檳。我看到兩個身材魁梧的男人互相敬酒，粗壯的手指優雅地舉起香檳杯，指甲縫和厚重的靴子都沾到泥土。顯然當天早上他們的萵苣賣得很好。

現在通道和攤位擠滿了人潮，臉上彷彿寫著：不買到最嫩、最多汁、好吃的東西，絕不善罷甘休。一個女人戴上她的老花眼鏡，撿查在我看來根本一模一樣的花椰菜。她舉起一顆花椰菜，仔細檢查緊密的白色花蕾，聞一聞，而後放下。她重複三遍相同的動作後，才選好要買哪一顆。然後她透過眼鏡上方的縫隙看向菜販，他沒有拿後排賣相不好的花椰菜偷換。記得有人跟我說在倫敦菜市場買菜不要摸菜。這裡如果也比照辦理的話，會引發不滿。不親手摸摸這些蔬果，還能怎麼買呢？想阻止這個習慣的攤販絕對會被趕出去。

雖然下方的停車場從一九七三年才開始營業，但其實亞維儂自一九一〇年起便有了這個市場。這是辦公室的那女孩唯一告訴我的資訊。當我問到這裡一天或一週的銷售量多少時，她只是聳聳肩，告訴我很多。

說很多確實也不為過。人們帶著各式各樣的容器來到這裡，從破舊的手提箱到似乎可以無限膨脹的手提包都塞得滿滿的。一個O形腿的老人穿著短褲、頭戴安全帽，騎著輕型摩托車到市場門口來拿他早上買的東西——一個裝滿甜瓜和水蜜桃的塑膠箱、兩個裝滿東西的大籃子，和一個裝了法式長棍麵包的棉布袋。他將重量平均分配，放在摩托車上，用鬆緊帶將那箱水果綁在坐墊後的架子上，麵包則揹在背上。當他推著足以吃一週的行囊離開時，對著一個攤販喊道：「明天見！」

我望著他投入廣場的車流中，小小的引擎費力地喀噠作響，他彎身貼著龍頭，長棍麵包宛如裝滿金箭的箭筒。十一點整了，市場對面的咖啡館已在人行道上擺好桌椅，午餐時間到了。

17 夏日明信片

我們花了三年的時間才接受居住在同一空間，卻有兩種不同環境的事實。

我們認為的正常生活從九月開始。

除了開市集的那幾天，鎮上沒有擁擠的人潮。白天，鄉間小路車流稀少，只有一輛拖曳機和幾輛廂型車，晚上幾乎看不到車。每家餐廳會有一組客人，或許週日午餐時間除外。偶爾與人交談，對話總是很簡單。麵包店裡有麵包賣，水電工天南地北地聊個沒完，郵差能忙裡偷閒喝一杯。過了狩獵季第一個震耳欲聾的週末後，森林恢復寧靜。每片田間都能看到一個埋頭工作的身影，緩慢地沿著一排排葡萄藤移動。轉眼便從中午到了下午兩點。

接著來到了七、八月。

過去我們都覺得這不過是一年中的兩個月分。天氣確實炎熱，但除了午睡外，我們的生活不太需要變動。

我們錯了。七、八月的我們仍住在呂貝宏，卻不再一樣，變成假期中的呂貝宏，想在這個異常時期維持正常的生活非常不容易。我們還曾經想放棄夏天算了，去某個陰雨綿綿、寧靜涼爽的地方，像是赫布里底群島。

但倘若我們真的離開了，可能會想念這裡的一切，甚至是讓我們汗流浹背、煩躁且像勞累過度的喪屍般的日子。所以我們決定跟夏天時期的呂貝宏和平共處，跟世界各地的人們一樣盡情度假，寄明信片告訴遠方的朋友，我們過得有多開心。以下是其中一些。

聖特羅佩

徵求裸體主義者！對於熱愛大自然的人來說，夏天是他們解放的季節，可能會有很多人自願加入聖特羅佩警隊。

斯帕達市長違背多年的傳統（畢竟聖特羅佩以公開裸體聞名），下令以安全衛生的名義禁止在公共海灘做裸體日光浴。

「禁止全裸。」斯帕達市長表示，並授權警察逮捕任何違反禁令的人。或許不是逮捕，而是進行稽查並罰款七十五法郎，如果引起公憤，罰款可高達一千五百法郎。一個裸體的人究竟要把一千五百法郎藏在哪，是一個令當地居民困惑不已的謎團。

與此同時，一群挑釁的裸體主義者在穆特海灘後方的岩石地設立總部。該組織的女發言人表示，他們在任何情況下都不會穿泳衣。多希望你也在這兒。

瓜田

福斯坦的哥哥傑克六十幾歲，個頭不高，在他家對面有一塊瓜田。那片田很大，但他一個人包辦了所有工作，全是依靠人力。春天時，我常常看到他下田工作，一待就是六、七個小時，宛如鉸鏈一樣，一直彎著腰，用鋤頭把那些威脅要勒死作物的雜草剷除。他不噴殺蟲劑——誰要吃有化學藥劑的甜瓜？——而且我認為他一定很享受用傳統方式照料他的土地。

等到瓜成熟後，他每天早上六點便到田裡採下已經成熟的果實。他用淺木箱打包成熟的甜瓜，帶到梅內爾伯裝箱。再從梅內爾伯送到卡瓦永，從卡瓦永到亞維儂、巴黎及全國各地。想到高檔餐廳花大錢購買甜瓜這種簡單的作物，就讓傑克笑得合不攏嘴。

如果我起得夠早，就能在他去到梅內爾伯前趕上。他總會有幾個瓜過熟，沒辦法運送，會以幾法郎的價格賣給我。

在我走回屋裡的時候，陽光從山頂灑落，使我的臉感到熱烘烘的。我心滿意足地捧著沉重的甜瓜，表皮仍因為晚風吹拂冰冰涼涼的。我們把這些不到十分鐘前採的甜瓜當早餐，新鮮又香甜。

吧檯後

有時候，游泳池不再是奢華的設施，幾乎成了生活必需品。那就是當氣溫高達三十八度的時候。每當有人向我們詢問夏天租屋的意見時，我們總這麼回答，而有些人會聽。

其他人則否，抵達後不到兩天，他們便會打電話來重複幾個月前我們告訴他們的話。這裡太熱了，他們說。熱到無法打網球，無法騎自行車，無法出門觀光。實在太熱了。噢，你真幸運，家裡有泳池。

電話那頭傳來滿懷希望的停頓，不知道是我的想像，還是我真的聽到汗珠如夏雨般落在電話簿上的聲音。

我預想的回答可能會不近人情，卻很有幫助：阿普特附近有一間公共游泳池，只要你不介意跟一群放暑假的小鬼一起泡水。也可以去地中海，只要一小時的車程。不，塞車可能要兩個小時。記得在車上放幾瓶依雲礦泉水，不然脫水就糟了。

或是拉上百葉窗遮陽，待在屋裡，傍晚外出呼吸新鮮空氣。雖然可能會曬不黑，但至少不會中暑。

這些殘酷且不厚道的建議幾乎沒有時間掠過我的腦海，對方聲音中的絕望便轉變為寬心了。當然！我們早上會過去一趟，不會打擾到你。只是泡一下水，你不會注意我們來過。

他們中午才來，帶著朋友一起。游泳，曬太陽，壓根沒想到會覺得口渴——所以我才會待在吧檯後。我妻子在廚房裡準備六人份的午餐。度假萬歲。

晚間散步

天氣炎熱的時候，狗會睡覺，在院子裡舒展四肢或蜷曲在迷迭香樹籬的陰影下。當泛紅的天色暗下來時，牠們便會恢復活力，聞一聞微風的氣味，擠在我們腳邊想去散步。我們拿著手電筒，跟在牠們身後進了樹林。

我們踩上一片百里香，聞起來像溫暖的松針與被烘烤過的大地，乾燥而帶有香料氣味。隱匿的小動物從我們腳下溜走，沙沙穿過雜草叢生的野生黃楊。

蟬鳴和蛙鳴陣陣起伏，從遠處房屋敞開的窗戶傳來低沉的音樂聲，以及從福斯坦家露臺傳來碗盤碰撞和低語聲。山谷另一頭的山丘燈火通明，那裡每年有十個月無人居住，八月底將不再有燈光。

我們回到家，脫掉鞋子，暖烘烘的石板路會讓我們想下水游泳，潛入昏暗的水底，最後來一杯美酒。夜空晴朗，星光閃爍。明天依然很熱，時間過得很慢，就跟今天一樣。

及膝薰衣草

我一直是用園藝剪修剪薰衣草叢，不僅動作慢，而且生疏，快一小時只剪了不到十簇。當亨麗埃特提著一籃茄子來拜訪時，我很開心能歇息一下。亨麗埃特看了看薰衣草和園藝剪，對我這個笨鄰居搖搖頭。你不知道怎麼修剪薰衣草嗎？你拿著園藝剪幹嘛？你的鐮刀呢？

她走向她的廂型車，帶了一把發黑的鐮刀回來，為了安全起見，刀尖嵌著一個舊軟木塞。那把鐮刀出奇地輕，感覺很利，可以拿來剃鬍。我空揮了幾下，亨麗埃塔再次搖搖頭。顯然，我需要學習怎麼用。

她撩起裙子，修剪起離她最近的一排薰衣草，用臂彎將長莖收成一束，接著把鐮刀輕輕一拉，割掉根部。只用了五分鐘，便剪了比我一小時剪的還多。看起來很簡單：彎腰、收成一束、輕輕一拉。沒什麼大不了的。

「瞧！」亨麗埃特說：「我小時候住在上普羅旺斯阿爾卑斯，家裡種了好幾公頃的薰衣草，沒有機器。大家都用鐮刀割。」

她把鐮刀遞給我，要我小心不要割到腿，並回到葡萄園跟福斯坦一起工作。

使用鐮刀不像看起來那麼簡單，我一開始割得參差不齊，很不平均，比較像是被咬的。我發現這把鐮刀是為了右撇子設計的，身為左撇子的我不得不由內往外割。我妻子出來要我小心不要割到腿，她不相信我使用鋒利工具的技巧，所以看到我由內往外割後，就比較放心了。即使我割到自己，似乎也不會有截肢的風險。

當亨麗埃特回來時，我才割到最後一叢。我抬起頭等她誇我時，便割到了食指，幾乎割到骨頭。我流了很多血，亨麗埃特問我是不是在修指甲，有時候我真的不懂她的幽默。兩天後，她給了我一把鐮刀，告訴我除非我戴手套，不然禁止使用。

黃蜂好酒

普羅旺斯黃蜂雖然體型不大，螫人卻很痛。還會在游泳池攻擊人，螫了就跑。牠會在毫無戒心的受害人後方划水，等對方舉起手臂後，深深地把刺扎進人們的胳肢窩。被刺到會痛好幾個小時，而時常被蜂螫的人游泳時會穿上防護服。這就是當地的濕T恤比賽。

不知道是不是所有黃蜂都喜歡水，但這裡的黃蜂對水愛不釋手——牠們會漂浮在淺水區，在濺到石板上的水灘打瞌睡，虎視眈眈地盯著無人看管的胳肢窩和柔軟的四肢——過了慘兮兮的一天後，我們不僅腋窩被螫，大腿內側也受到直接攻擊（顯然有些黃蜂可以屏住呼吸在水下活動），我被派去買黃蜂陷阱。

我在卡瓦永一條小巷的藥店找到黃蜂陷阱，站櫃檯的剛好是一位黃蜂專家。他向我展示陷阱的最新模型，是偶爾會在跳蚤市場看到的那種舊式玻璃懸掛陷阱的改良版。他說，這類陷阱是專門設計放在游泳池邊，可以吸引黃蜂靠近。

陷阱分為兩部分。底部是一個圓碗，由三個扁平的支架撐起來，中間有個漏斗通往上層。上層罩住下方的碗，防止爬上漏斗的黃蜂逃掉。

黃蜂專家說，這部分很簡單，難的是餌食的部分，該怎麼精巧地引誘黃蜂放棄對人體的興趣，爬上漏斗進入陷阱？有什麼能引誘黃蜂離開游泳池？

在普羅旺斯待了一段時間後，就會知道每次購物時都會附有簡單的講解，從有機捲心菜（兩分鐘）到一張床（半小時或更長時間，這取決於你的背好不好）。買黃蜂陷阱就要預留十到十五分鐘的時間。我坐在櫃檯前的凳子上聽他講解。

事實證明，黃蜂喜歡喝酒。有些黃蜂喜歡糖，有些喜歡果味，有些甚至會為了一滴茴香酒爬上去。專家說這需要實驗看看，調整口味和濃度，直到找出適合當地黃蜂群味覺的餌料。

他建議我試試看一些基本的食譜：加了蜂蜜水的甜苦艾酒、稀釋的黑醋栗酒、加了渣釀白蘭地的黑啤酒以及純茴香酒。還可以在漏斗上塗上薄薄一層蜂蜜，做為額外的誘餌，漏斗下方隨時要留有一小攤水。

專家在櫃檯上組裝陷阱，用兩根手指模仿黃蜂四處溜達的樣子。牠會停下來，被水坑吸引，專家的手指停了下來。牠靠近水邊，然後意識到上方有有很美味的氣味。牠爬上漏斗查看，隨即跳進雞尾酒裡，去吧——牠沒辦法出來，因為喝得太醉，無法透過漏斗爬回來。然後牠死了，但死得很開心。

我買了兩個陷阱，也試了他給我的食譜。兩個都很有用，讓我相信黃蜂有很嚴重的酒癮。如今，如果有人喝過頭，就會被形容醉得和黃蜂一樣。

呂貝宏症候群

大多在夏天發生的季節性毛病，雖然可能會令人不舒服、疼痛，或者只是讓人感到難為情，但至少會得到別人同情。一名男子因為吃了太多梅格茲香腸生病，在他康復以前，他的朋友多半不會要求他參加聚會。三度曬傷、粉紅酒中毒、被蠍子咬傷、吃太多大蒜，或長期暴露在法國官僚制度下被弄得暈頭轉向也一樣。這些病痛都需要受一些苦，但至少是一個人單獨、安靜地受苦。

有另一種病，比被蠍子螫或劣質香腸更糟糕，我們在法國這個安靜的鄉村親身經歷，也在其他法國人身上看到過。這種症狀通常出現在七月中，一直持續到九月初。患者眼神呆滯、充血，時常打哈欠，食慾不振，脾氣暴躁而且嗜睡，還出現輕微的妄想症，會突然迫切地想去修道院隱居。

這叫呂貝宏症候群，又名漸進式的社會疲勞，其令人同情的程度就跟百萬富翁有僕人的困擾差不多。

我們仔細觀察這些病人，也就是本市的永久居民，就能知道這種病從何而來。當地居民有自己的工作、朋友和不緊不慢的生活。他們幾經考慮後，選擇住在呂貝宏，而不是世界上任何一個繁華都市，是為了避開世上大部分的喧囂俗事。一年裡，這種怪脾氣可以被理解且忍受十個月。

讓我們來看看七、八月分吧。遊客紛紛湧入，剛下飛機或才離開高速公路，便迫切地想找人說話。我們去認識一些當地人吧！去他的在吊床上看書、林間散步，去他的與世隔絕的寧靜，他們想要跟人交流——跟一群人午餐、喝酒、晚餐——你邀請我，我邀請你，每一天都行程滿滿。

假期終於在最後大喝特喝的晚宴中結束，甚至能在遊客臉上看到些許疲憊的神態。他們沒想到這裡是如此熱鬧，他們半開玩笑地說，這幾天玩下來得好好休息一下。你們總是這樣嗎？你怎麼受得了？

沒有啦，而且我們也受不了。跟很多朋友一樣，我們也在你來我往的拜訪間累垮了，一邊守護空間和自由的夜晚，少吃少喝一點，早點上床睡覺。每年當一切塵埃落定時，我們都要苦惱地和朋友討論怎樣才能讓夏天不再成為壓力賽。

我們都認為堅持就是答案，比起答應邀約，要更常說不。硬起心腸拒絕找不到飯店、不請自來的客人，拒絕家裡沒有游泳池的小孩，拒絕丟失錢包的旅人；你可以樂於助人，可以對人友善，就算粗魯也沒關係，但重點是要意志堅定。

然而我知道，想必大家都知道——明年夏天一切還是老樣子。我們大概得苦中作樂，我們會的，如果沒被累死的話。

村落廣場

汽車被禁止進入村落廣場，廣場三面擺起了攤子和桌子，剩下那面以霓虹燈裝飾的鷹架，撐起由木板搭起的高臺。咖啡館外，原本只有一排桌椅，增加到了十排，並特意增加一名服務生，為從肉店排到郵局門口的長龍點餐。孩子們和狗兒在人群間互相追逐，偷桌上的方糖吃，躲開老人假裝生氣揮舞的棍子。今晚沒人會早早上床，孩子們也一樣，因為今天是村莊子裡一年一度的盛會——還願節。

還願節從近黃昏在廣場喝過慶祝酒時就開始了，攤子也正式開始營業。當地的工匠在午後刮完鬍子後容光煥發，一個個端著酒杯，站在他們的攤位後，或是把攤位的產品做最後的調整。有陶器和珠寶，蜂蜜和薰衣草香精油，手工織物、鐵器和石器，繪畫和木雕，書籍、明信片、加工過的皮革製品、橄欖木把手的開瓶器和各式各樣的乾燥草藥袋。披薩攤的生意很好，人們喝了酒，開始有了食慾。

人潮漸漸散去，吃吃東西，然後又回來。夜幕降臨，空氣暖和，沒有風，遠處山峰就像映襯在夜空的黑色駝峰般清晰可見。三人手風琴樂團在臺上亮相，演奏起第一首西班牙舞曲，此時，稍後上場的亞維儂搖滾樂隊正在咖啡館裡喝著啤酒和茴香酒。

第一對舞者上場——是一個老人和他的孫女，小姑娘的鼻子才到老人的皮帶扣，雙腳搖搖晃晃地踩在爺爺腳上。然後是一家三口：媽媽、爸爸和女兒也加入跳舞的行列，接著又有好幾對上了年紀的夫婦，姿勢僵硬地相擁起舞，一臉凝重的表情，努力回想五十年前學的舞步。

西班牙組曲在激昂的手風琴和隆隆的鼓聲中結束，搖滾樂隊開始了五分鐘的熱身，一陣電音傳到舞臺對面教堂的老舊石牆，造成回音。

樂團主唱是一位年輕女孩，身材豐滿，一身黑色緊身衣，頭上戴著一頂火熱的橘色假髮，還沒開口演唱便吸引大家的目光。一位老先生，帽舌幾乎要碰到突出的下巴，從咖啡館拖了一張椅子，直接坐在麥克風前。有了他做榜樣，等女主唱一開唱，村裡一些男孩也鼓起勇氣，從陰影中出來，站在老人的椅子旁。所有人都像是被催眠似的，盯著上方搖擺發亮的黑色屁股。

村裡的女孩因為沒有男伴，彼此相擁著，緊貼在被迷住的男孩們背後起舞。一名服務生放下托盤，走到一個和父母坐在一起的漂亮女孩前，請她跳舞。她臉頰泛紅，低下頭，但她的媽媽用手肘推著她。去跳舞呀。假期很快就結束了。

表演持續了整整一小時，幾乎要震碎廣場周圍的窗戶，這時樂隊開始了壓軸表演。女主唱彷彿化身為悲傷夜晚的琵雅芙，獻唱了〈一如往常〉這首歌，結尾的部分帶著濃重的哭腔，她低垂著頭，只見那橘色的頭頂。老人點點頭，用拐杖敲打地面，跳舞的人群紛紛離場回到咖啡館，看看還有沒有啤酒喝

往年還會從戰爭紀念館後方放煙火，今年由於乾旱禁止放煙火。但這真是一次很棒的盛宴，你肯定從沒見過郵差是怎麼跳舞的吧？

18 逮捕那條狗！

一位倫敦的朋友偶爾會與我分享《普羅旺斯報》可能不會報導的國際新聞，給我寄來一份令人擔心的剪報。報導出自《泰晤士報》，揭露一家企業難以言喻的不法行為，深深刺進法國人內心最敏感的神經。

一群不法分子從義大利進口白松露（人們有時候會以輕蔑的口吻稱為「工業」松露），用胡桃染料染色，把外皮染成跟黑松露一模一樣。老饕一定知道，黑松露的味道比白松露還濃郁，價格也更高。我覺得寫那篇報導的記者嚴重低估了價格，稱一公斤要價四百法郎，絕對會讓巴黎的馥頌食品百貨擠得水泄不通，我在那裡看過松露在櫥窗裡像珠寶一樣展示，每公斤要價七千法郎。

但那不是重點，重點在於犯罪的性質。號稱世界美食冠軍的法國人，竟然會被仿冒的美食矇騙，他們的味蕾被蒙蔽了，錢包也被掏空。更糟的是，罪犯甚至不用國內的二流松露進行詐騙，而是來自義大利的下等貨——義大利耶，我的天哪！

我曾聽一個法國人用一句貶低的話表達他對義大利美食的看法：除了麵什麼都沒有。然而，數百甚至數千顆義大利山寨貨卻透過極為粗糙的騙局，被神通廣大的法國人吃下肚。這個恥辱足以讓一個男人把面前的鵝肝都哭濕。

這件事讓我想起亞蘭，他曾提議帶我去旺圖山體驗尋找松露，並展示那隻迷你豬的能力。但當我打給他時，他跟我說因為夏天乾旱的緣故，現在松露正值淡季。況且豬的實驗失敗了，豬不適合訓練來找松露……不過，如果我們有興趣，他還有一些松露，雖然小顆但品質不錯。我們約在阿普特見面，他跟一個人約在那裡談狗的事。

阿普特有一家咖啡館，在集市日總會湧進賣松露的商人。他們一邊等客人上門，一邊打牌作弊打發時間，吹噓他們有辦法騙路過的巴黎佬買裹著泥土的香菇。他們口袋帶著摺尺，還有一把有古老木柄的奧皮尼刀，用來在松露表皮切一個小口，以證明不只有外皮是黑的。咖啡和黑菸草的氣味混合桌上破舊的亞麻袋散發出的泥土潮濕和類似腐爛的氣味。清晨來杯粉紅酒，交易進行時往往會壓低音量。

我在等亞蘭時，看到兩個男人把頭湊在一起，垂在杯子上方，邊交談邊環顧四周。其中一人拿出一枝裂開的原子筆，在自己手掌上寫字。接著把他寫的東西給另一個人看，然後朝手吐了口水，把字塗掉。他寫了什麼？新的每公斤定價？隔壁銀行的金庫密碼？或是提醒他：「別說話，那個眼鏡仔在看我們」？

亞蘭來了，咖啡館的每個人都朝他看過去，跟我進來時一樣。我感覺像是要做什麼非法勾當，而不是買煎蛋捲的原料。

我帶來了《泰晤士報》的剪報，但亞蘭早有耳聞。他從一位住在佩里戈的朋友那兒聽說了這件事，讓誠實做生意的松露商人義憤填膺，也引起他們的客人極大的懷疑。

亞蘭來阿普特是為了洽談買新松露犬的事。雖然他認識狗主人，但並不熟，因此需要一點時間談生意。那隻狗要價很高，兩萬法郎，而且沒有實證就不能相信，必須安排現場測試。首先要確定狗的年齡，證明牠的耐力和嗅覺技巧。我們永遠不知道會發生什麼事。

我問他迷你豬的事。亞蘭聳了聳肩，做出食指劃過喉嚨的動作。他說，除非有人願意接受養豬帶來的不便，不然狗是唯一的出路。但要找到一隻好狗，價值與價格相稱的狗，根本不是一件容易的事。

世界上沒有松露犬這種品種。我看過大多數的松露犬都是外表不起眼、性格活潑的小型犬，看起來像是祖先曾混過㹴犬。亞蘭自己養了一隻上了年紀的德國牧羊犬，過去是很出色的松露犬。這完全是狗的本能和訓練的問題，而且不能保證一隻聽從前主人命令的狗換主人後也能有很好的表現。亞蘭彷彿想到了什麼，笑了笑。他說，有個很著名的故事。我給他倒了杯酒，他便說給我聽。

在聖迪迪耶有個男人養了一隻能找出松露的狗，他如是說，以前從來沒有狗有這個技能。整個冬天，當其他獵人下山時，只帶回一把或十幾個松露，這個來自聖迪迪耶的男人卻能帶著鼓鼓的行囊回到咖啡館。那是隻神奇的狗，牠的主人沒少吹噓他的小拿破崙，取這個名字是因為牠的鼻子價值千金。

很多人覬覦拿破崙的能力，但每次提議要買下牠時，都被牠的主人拒絕了。直到有一天，一個男人走進咖啡館，把四枚一百萬舊法郎放到桌上，四枚釘在一起，相當於今日的四萬法郎。這個價格非比尋常，主人一臉不情願的樣子，最終還是接受了。拿破崙便跟著牠的新主人離開。

而在松露季剩下的時間，他一顆松露都沒有找到。新主人很生氣，把拿破崙帶回咖啡館，想把錢拿回來。舊主人把他趕走，要他好好學習怎麼打獵，像他這種白痴不配得到拿破崙這樣的狗。他們互罵了幾句，但退款是不可能的。

新主人聘請了亞維儂的律師，律師老生常談地表示這件事在法律上是灰色地帶，沒有先例可以參考，在法國漫長而精心記載的法律史上，也沒有任何案例牽扯到狗失職的問題。此次爭議毫無疑問必須由經驗豐富的法官裁定。

好幾個月過去，而且經過多次協商後，兩人收到出庭的通知。法官是一個做事徹底、一絲不苟的人，希望案件所有主要人員都要到場。一名憲兵被派去逮捕那條狗，當作重要證人帶至法庭。

目前尚不清楚那條狗出現在證人席上是否有助於法官判案，但他做出以下判決：拿破崙將被歸還給他的舊主人，後者要歸還一半的錢，保留另一半作為失去工作犬的損失。

拿破崙和老主人團聚後，從聖迪迪耶搬到卡龐特拉以北的一個村莊。兩年後，出現了同樣的案例，然而因為通貨膨脹，價錢變得更高了。拿破崙和牠的主人又故技重施。

但有一點我不懂。如果那隻狗尋找松露的技術真那麼高超，那牠的主人肯定會利用牠工作賺更多錢，而不是賣掉牠；即使最後鬧到法庭上，都可以拿回狗，還有一半的錢。

噢，亞蘭說，你跟其他人一樣以為他帶去咖啡館的那袋松露是拿破崙找到的啊。

不是嗎？

不是。他把松露冷藏，每週拿出來一、兩次。那隻狗連在豬排店都找不到豬排，牠的嗅覺不太靈敏。

亞蘭把他那杯酒灌下肚。「絕對不要在咖啡館買狗，除非親眼目睹牠的技能。」他看了眼手錶。「我還有時間再來一杯，你呢？」

當然，我說，你還有別的故事嗎？

「有個故事，身為作家的你會喜歡。」他說：「發生在很多年前，但聽說是真人真事。」

從前有個農夫在離家不遠的地方有一塊地。那塊地不大，不到兩公頃，卻長滿櫟樹，每年冬天都會有很多松露，足以讓農夫安逸地度過餘冬。他養的豬幾乎不需要尋找。年復一年，曾經長過松露的地方或多或少會重新冒出來。彷彿在樹下挖到金子一樣，上帝保佑，讓他可以安享晚年。

可想而知，當農夫一開始發現樹下泥土被翻過的痕跡時，會有多麼生氣。有東西在晚上跑到他的土地上，可能是一隻狗，甚至是一隻離家出走的豬。繼續往前走，他注意到土裡有一根菸頭——有濾嘴的那種現代香菸，不是他抽的牌子，當然也不會是離家出走的豬留下的。這個發現令他擔憂起來。

當他從一棵樹走向另一棵樹時，加深了警惕。地面出現更多翻土的痕跡，他還看到岩石上出現新的刮痕，是挖松露才會出現的痕跡。

不是他的鄰居幹的，不可能。他們從小就認識了，肯定是哪個陌生人，不知道這塊珍貴的土地是屬於他的。

他是個理性的人，不得不承認，陌生人不可能知道這塊地是否屬於私人擁有。因為籬笆和標誌很貴，而且他從來都不覺得需要用到這些東西。他的地就是他的地，大家都知道。顯然時代變了，陌生人找到了進入山丘的路。那天下午，他開車到最近的鎮上，買了一大堆標示牌，寫著私有財產、禁止進入。還額外買了三、四個寫著「內有惡犬」的牌子。他和妻子一直工作到天黑，把牌子釘在土地周圍。

幾天過去，沒看到有人擅闖挖松露的跡象，農夫便鬆懈下來。看來並非故意的，雖然他滿想知道為什麼會有人不小心在晚上闖進來挖松露。

然後事情又發生了。他沒發現有人入侵的跡象，天曉得有有多少肥美的黑鑽石在夜晚的掩護下被挖走。已經不能再用不小心闖入當藉口了。對方是偷獵者、夜間小偷，想利用一個老人唯一的收入來源賺錢。

當天晚上，農夫及其妻子坐在廚房喝湯，討論該怎麼處理這件事。他們當然可以報警，但因為松露——或至少賣松露賺來的錢——並不真的存在，因此讓司法機關介入調查可能不是明智的決定。他們會問到被偷的東西價值多少，這種攸關隱私的事情還是不要說出來比較好。況且，對盜獵者的正式刑罰，即便要坐牢，也無法取代被盜獵者占為己有的數千法郎。

所以，這對夫婦決定尋求更嚴厲但令人滿意的正義，農夫於是找來兩個鄰居幫忙，他們會知道該怎麼做。

他們同意幫助他，三人便拿著獵槍在松露櫟樹叢間等待，度過三個漫長而寒冷的夜晚，每天黎明時分返家，不得不喝一些渣釀白蘭地驅寒。直到有一天晚上，當烏雲掠過月亮的臉龐，冷風刺進三個男人的臉時，他們看到一輛車的頭燈。車子停在一條泥土路盡頭，位於山下兩百公尺處。

車熄火後，頭燈跟著熄滅，車門打開又悄悄地關上。有人說話的聲音，然後是手電筒的光束，慢慢地上山，朝他們過來。

首先進入樹林的是一隻狗，牠聞到有人的氣味，停了下來，開始狂吠——發出高亢而緊張的叫聲，緊接著是一陣嗚咽聲，盜獵者小聲地怒斥牠安靜。三人動了動麻木的手指，把槍握得更穩，農夫則用他為了埋伏帶來的手電筒瞄準。

當對方走進空地時，手電筒的光束照向他們：一對樣貌樸素的中年夫妻，女人帶著一個小麻袋，男人拿著手電筒和挖松露用的鋤頭。被逮個正著。

三人拿起自己的武器朝這對夫婦走去。他們毫無防備，槍管指著他們的鼻尖，便很快承認曾經來這裡偷挖松露。

偷了多少？老農夫問道，兩公斤？五公斤？還是更多？

盜獵者沉默不語，三人也沉默下來，思考接下來該怎麼做。他們必須伸張正義，更重要的是，必須把錢拿回來。其中一人湊到老農夫耳邊嘀咕了幾句，他點點頭。好，就這麼辦吧。他宣布了臨時法庭的判決。

他問盜獵者把錢存在哪裡的銀行。尼永？好。你現在開始走路，等你到那裡時，銀行就開門了。你要領出三萬法郎，然後帶錢回來。我們會扣住你的車、你的狗和你妻子，直到你回來為止。

盜獵者開始出發，走四小時前往尼永。他的狗被放在後車廂裡，妻子坐在後座，農夫三人也擠進車裡。當天晚上很冷，他們在一堆喝光的白蘭地小瓶中打瞌睡。

天亮了，到了早上，接著是中午……

亞蘭停下來。「你是作家，」他說：「你覺得結局會是什麼？」

我猜了幾個結局，但都錯了。亞蘭笑了起來。

「結局很簡單，一點也不戲劇化。」他說：「可能只有那個妻子不這麼想。盜獵者去了尼永的銀行把所有的錢取出來，然後就——碰！他消失了。」

「他沒有回來？」

「再也沒有人見過他。」

「他妻子也沒有？」

「當然沒有，他不喜歡他妻子。」

「那個農夫呢？」

「憤怒地死去。」

亞蘭說他得走了，我付了買松露的錢，祝他好運買到新狗。當我回到家時，我將其中一個松露切成兩半，確認裡面是不是真的是深黑色。亞蘭看起來是個好人，但誰知道呢。

19 戴上玫瑰色眼鏡

入境隨俗。

這句話不知道是玩笑、侮辱還是恭維，但從倫敦遠道而來的那個男人是這麼說的。他正要去海邊，途中順道來訪，留下來與我們共進午餐。五年沒見了，他顯然很好奇普羅旺斯的生活為我們帶來什麼改變，仔細地觀察我們身上是否有道德和體能退化的跡象。

我們未曾意識到有什麼變化，他卻信誓旦旦，不過又說不出哪裡不對勁。因為沒看到像震顫性譫妄、英語生疏或早衰之類一眼就能看出的變化，他便用

「入境隨俗」這個籠統、方便且包含各種面向的詞來形容我們。

當他開著那輛一塵不染的車揚長而去時，汽車天線歡快地在微風中擺動，我看著我家那輛髒兮兮的雪鐵龍車，沒有加裝任何通訊設備。他那輛肯定是國產車。而且，比起這位客人前往蔚藍海岸玩水的穿著，我一身在地人的打扮——舊襯衫配短褲，沒有穿鞋。然後我想起他在午餐時頻頻看錶，因為他六點三十分要去尼斯見朋友，不是約晚一點，也不是今晚，而是六點三十分。準確的時間。當地人沒這個習慣，所以我們早就不再注重這麼嚴格守時了，現在就是按照當地的另一個習慣生活，約個大概時間。

我越想越意識到我們其實早就變了。我不會說這是入境隨俗，但我們現在的生活跟以前比起來確實有很多不同的地方，讓我們不得不重新適應。這其實沒有很難，大部分變化都是循序漸進，感覺愉快，幾乎讓人無所察覺。我認為這些改變都是往好的方向發展。

我們不再看電視，讓自己有時間去吸取更多知識，並非自命不凡，一切都是自然而然發生的。在夏天，看電視比不上欣賞黃昏的天空。在冬天，電視無法與晚餐競爭。現在電視機已經被我們收到櫥櫃裡去，騰出空間放書櫃。

我們吃的東西也比以前好，說不定還更便宜。在法國生活一段時間不可能不被當地居民對美食的熱愛所影響，誰抗拒得了？我們何不從日常生活中享受快樂呢？我們已經習慣了普羅旺斯的美食步調，利用大自然一年四季的恩惠：蘆筍、跟火柴一樣細的四季豆、肥厚的蠶豆、櫻桃、茄子、櫛瓜、辣椒、桃子，還有杏子、甜瓜、葡萄、小茴香、野蘑菇、橄欖、松露——每個季節都有各自盛產的美食，除了昂貴的松露外，每公斤的價格都只需要幾法郎。

肉則另當別論，肉販賣的價格會讓遊客眉頭深鎖。普羅旺斯不適合養牛，所以想在週日來頓烤牛肉大餐的英國人最好把支票簿帶上，做好敗興而歸的準備，因為這裡的牛肉既不便宜也不嫩。但羊肉，尤其是來自錫斯特龍附近地區的羊肉絕對要嚐嚐看，他們會用香草調味，用薄荷醬則是不地道的做法。而豬渾身上下的肉都很美味。

不過，我們現在很少吃肉。餐桌上偶爾會有以原產地命名的布雷斯雞和亨麗埃特冬天拿來的野兔，氣溫驟降、西北風來襲時也會吃卡酥來砂鍋——偶爾吃肉讓人感覺很棒。每天吃肉已是過去式，還有很多其他美食：從地中海打撈上來的魚、新鮮的義大利麵、各式各樣的蔬食、十幾種麵包和上百種起司。

或許是飲食習慣和烹調方式變了，還有總是用橄欖油，我們都變瘦了。雖然只有一點點，但已經足以嚇到那些認為我們會發福的朋友了。食量大又有幸在法國吃吃喝喝的人有時候肚子會飽得發脹。

雖然沒有刻意，但我們運動的時間也增加了。不是那種很瘦的女生在做的艱難柔軟體操，而是住在一年中有八、九個月的氣候可以外出的地方，自然而然會開始鍛鍊。這跟有沒有督促自己無關，除了要遵守一些在鄉村生活的規則——燒原木、除草、保池水溝乾淨、種花、修剪、彎腰和搬東西，不管天氣如何，每天都要走路。

一些不相信走路也可以運動的人會來我們家留宿。走路不用花力氣、沒有那麼快累、效率不高也不激烈。他們說每個人都會走路，這不叫運動。最後，他們如果還是堅持己見，我們會帶他們出去遛狗。

前十分鐘路面還很平，輕鬆地沿著山腳下的人行道散步，毫無負擔。開心地呼吸新鮮的空氣，欣賞遠方旺圖山優美的風景。但要說是運動？他們根本一點也不喘。

接著我們往上走在通往雪松林的小徑上。腳下從鋪著松針的砂質土壤變成布滿岩石和碎石的路，我們開始上山。五分鐘後，他們再也沒辦法不屑一顧地說走路是老人的運動。十分鐘後，大家都不再說話，只剩越來越重的喘氣聲，時不時夾雜著咳嗽。小徑沿著岩壁四周蜿蜒向上，樹枝從頭頂垂下來，讓人不得不彎腰通過。上方的景色一點也不吸引人；前方一百公尺內只能看到狹窄的碎石上坡。如果還有喘息的空間，腳踩在碎石上滑了下，扭到腳踝時，絕對會罵出聲。腿跟肺部都燃燒不止。

狗一個勁兒地往前衝，我們其他人零散地排成直線落在後頭。身體最差的人彎著腰，雙手撐著大腿，腳步蹣跚地往前。這些人往往因為自尊心不願停下來，頻頻喘氣，低著頭，感覺難受。他們以後再也不會認為走路不是運動了。

辛苦走這一趟的犒賞就是能欣賞到山上靜謐秀麗的風景，有時候景色奇特，依舊美不勝收。當大片雪花覆蓋在雪松上時，看起來既壯觀又迷人。雪松林過去是山的南面，路面驟降，一片灰色、凹凸不平，百里香和黃楊從看似最無生機的岩石縫中冒出來，讓整個景色變得柔和許多。

在天氣晴朗的日子裡，外面吹著西北風，陽光亮晃晃的，大海一望無際，光影十分強烈，好像被放大似的，有種離群而居的感覺。我曾在國家森林局於雪松林裡開拓的那條路上碰過一名農夫。他騎著一輛舊自行車，背上揹著一把槍，一隻狗邁著大步跑在他旁邊。在樹林裡看到生人使我們倆都嚇了一跳。這裡通常人煙稀少，唯一會聽到的聲音是風吹過樹梢的沙沙聲。

每天時間都過得很慢，但一晃就過了好幾週。我們現在不靠寫日記和具體的日期來記日子。二月杏花盛開，當我們想做整個冬天念念不忘的事時，花園會出現好幾個禮拜的荒蕪。春天是賞櫻和雜草叢生的季節，而且會迎來一年中的第一批客人，他們希望能遇上亞熱帶舒適宜人的氣候，但往往只盼來颳風、下雨的日子。四月可能就會進入夏天，也可能要到五月。當伯納德打來表示要幫我們掀開游泳池清洗一下時，我們就知道夏天來了。

六月罌粟，七月乾旱，八月暴風雨。葡萄園開始荒廢，獵人的夏休期即將結束，葡萄已經採收，泳池裡的水變得越來越冰，最後冷得下不了水，只有尋找刺激的人會在大中午去跳水。到那時肯定進入十一月底了。

我們在冬天總是有滿滿的抱負，而有一些實際上已經完成。砍掉枯死的樹，蓋了一堵牆，重新粉刷老舊的鋼製花園椅。只要有空，我們就會拿起字典，繼續努力學法文。

我們的法文進步了，也不再像以前一樣害怕跟一整桌法國人朋友共進晚餐。但以經常出現在我學校報告的話來說，我還有很大的進步空間，必須更努力。所以，我們一點一點地讀馬瑟・巴紐、讓・季奧諾和居伊・德・莫泊桑的書，訂閱《普羅旺斯報》，收聽廣播新聞宛如機關槍般的報導，並試圖解開一個謎團，那就是不斷有人告訴我們法文是非常合乎邏輯的語言。

我認為這是一個迷思，是法國人為了迷惑外國人創造出來的。比方說，賦予專有名稱和名詞陰陽性的邏輯在哪？為什麼隆河是陽性，迪朗斯河就是陰性？明明都是河川，如果一定要有性別，為什麼會不一樣？當我拿這個問題去問一個法國人時，他滔滔不絕地講解源頭、溪流和洪水的差別，最後給出了答案，據他所說，當然也合乎邏輯。然後他說到大洋是陽性，海是陰性，湖是陽性，水坑是陰性。就連水本身也搞不清楚。

他的長篇大論並未改變我的看法，賦予詞彙性別除了讓生活變困難，一點用也沒有。詞彙的性別是以一種異想天開且武斷的方式分配，有時候根本不把解剖學放在眼裡。陰道的法語是 vagin，寫作 le vagin，性別為陽性。一頭霧水的學生該怎麼將邏輯應用在陰道是陽性的語言？

另外，雌雄同體的「lui」一直等著在我們開口造句時偷襲我們。一般情況下，lui 指的是男性的「他」的意思。而在某些句型中，lui 代表的是「她」。通常我們對 lui 的性別一無所知，直到前後文提示男性或女性後，我們才知道 lui 代表什麼性別。例如：Demandez-lui（問他），peut-être qu'elle peut vous aidez（也許她可以幫助你）。雖然只是短暫的疑問，卻會讓初學者心生疑惑，特別是當 lui 的名字也是雌雄同體時，例如吉恩－瑪莉（Jean-Marie）或瑪莉－

皮耶（Marie-Pierre）。

這還不是最糟糕的。在法語語法的形式中，每天都有稀奇古怪的事發生。最近報紙刊登了一篇搖滾歌手約翰尼·阿利代要結婚的文章，本來在描述新娘的禮服，突然話鋒一轉稱讚起約翰尼。文章表示：「他是個大明星[7]。」短短一句話，這位大明星就變了性，還是在他婚禮當天。

也許正是因為其中令人費解的彎彎繞繞，好幾世紀以來，法語一直作為一種外交語言，外交官不需要把話講得很明白，甚至不用令人滿意。事實上，這種謹慎的聲明因出於禮節而模擬兩可，而且可以同時有幾種不同的解釋，就不太會使外交官陷入話說得太死的窘境中。美國記者亞歷克斯·德萊爾認為外交官必須「三思而後行」，細微的差別和明顯地打太極必不可少，發明法語的原

7 原文為「vedette」，詞性為陰性。

因可能就是為了讓這些瑕疵在每句話裡找縫隙恣意生長。

不過，法語是一門美麗、溫柔且浪漫的語言。儘管可能不值得推崇，那些將法語視為國粹的人們因此認為法語課能被稱為「文明課」，而且每個人都該這樣說話。可以想像，這些純粹主義者對於染指日常法語的外來語感到沮喪。

腐敗可能是從 le weekend（週末）這種說法穿過英吉利海峽進入巴黎開始，同時，皮加勒區一位夜店老闆將他的店命名為「Le Sexy」（性感）。不出所料，這種外來語連鎖效應導致了「性感週末」這種飯店名字的誕生，讓巴黎的飯店老闆為此沾沾自喜，布萊頓等度假勝地的同行則沒有被性感加分，陷入絕望。

外來語的入侵並未止於閨房事，還滲入了辦公室。現在行政人員的工作稱為 un job，要是工作負擔太大，他會發現自己越來越 stressé（有壓力），或許是因為被任命為 le marketing（行銷）商業叢林中的 un leader（主管）。這個工作過度的可憐蟲甚至沒時間吃一頓傳統三小時的午餐，只能吃 le fast food（速食）。這些英文的外來語是最糟糕的，讓法蘭西學術院資歷悠久的院士們勃然大怒。說真的，我不怪他們，這些外來語毫不掩飾地入侵如此優美的語言實在太不像話了。換句話說，爛得一塌糊塗。

法語的詞彙比英語的單詞還少，有助於進入法文中的英語逐漸散布。這跟法語自身一連串的問題有關，因為在法文中同一個詞可以表示不同的意思。例如，在巴黎，「je suis ravi」通常是「我很高興」的意思。然而，到了梅內爾伯的「進步咖啡館」，ravi卻有了另一個不受歡迎的解釋，同樣的短語可以表示「我是村中的傻子」。

為了掩飾我的困惑，並至少避免踏進一些語言陷阱中，我學會了當地人咕噥的習慣，發出短促但富有表現力的聲音——急促的吸氣聲和理解的彈舌聲，喃喃自語地說著「嗯、好」作為轉換話題的連接詞。

上述這些例子，變化最多也最有用的話是一句簡短、顯然很明確的片語「ah

bon」，無論是直述句或問句都可以用。我曾經誤認這個說法是字面上的意思，卻鬧了個烏龍。一個典型的對話，帶有某種程度的意外和黑暗，應該是以下這樣：

「這次年輕的吉恩－皮耶真的闖禍了。」

「是嗎？」

「是啊，他離開咖啡館後，坐上他的車，把一個憲兵碾了過去——完全軋死了。然後他撞上一道牆，撞破了擋風玻璃，頭破血流，腿骨折了十四處。」

「這樣啊（ah bon）。」

根據語調變化，「ah bon」可以表達震驚、懷疑、冷漠、惱怒或喜悅——兩個簡短的詞就可以達到如此驚人的作用。

同樣地，我們也可以用另外兩個單音節的字進行大部分簡短的對話——ça va，字面上的意思是「你好嗎」。每天，在普羅旺斯周遭每一個城鎮和村莊，熟人們都會在街上相遇，象徵性地握握手，說著象徵性的對話：

「你好嗎？（Ça va?）」

「是，很好，很好，你呢？（Oui. Ça va, ça va. Et vous?）」

「哼嗯，好吧。（Bohf, ça va.）」

「那好吧。（Bieng. Ça va alors.）」

「嗯、嗯，好、好。（Oui, oui. Ça va, ça va.）」

「走了，再見。（Allez. Au 'voir.）」

「再見。（Au 'voir.）」

但憑文字無法說明這個場合。如果天氣不錯，也沒什麼其他的事要做，那麼上述對話可以搭配聳肩、嘆息和沉思延長至兩到三分鐘。而且，在早晨出門跑腿途中，從容不迫且愉快地跟鄰居打照面的對話會一而再再而三地重複。

經過幾個月簡單地與這些人寒暄，很容易就會相信自己的法語口語變得出色。甚至可以跟宣稱聽得你在說什麼的法國朋友度過漫長的夜晚。他們不僅僅與你熟識，還會變成你的朋友。當他們覺得時機成熟時，就會以口語向你展示友誼的禮物，你將為自己帶來一連串犯蠢的機會。他們不再用 vous（您）跟你說話，而是開始用 tu 或 toi（你），這種親密的稱呼還擁有自己的動詞，也就是 tutoyer，意指「以『你』稱呼」。

被一個法國人從正式的 vous 變成 tu 稱呼是值得紀念的一天。這個明確的訊號表示在經過幾個禮拜、幾個月或甚至幾年的相處後，他開始喜歡你這個人了。不回報他們給予的這個稱讚很不禮貌，而且很冷漠。因此，就在你終於熟悉 vous 和其複數形式的時候，就會一頭栽進 tu 的單數世界（當然，除非你仿效前總統季斯卡．德斯坦的例子，連稱自己的妻子都用 vous）。

我們在學法文這條路上跌跌撞撞，犯了各種違反語法和性別的錯誤，笨拙地拐彎抹腳，避開虛擬語氣的泥沼和缺乏詞彙的鴻溝，希望朋友不要對我們糟蹋他們的母語感到太震驚。他們客氣地表示我們的法語不會嚇到他們，我對此表示懷疑。但無庸置疑地，他們想讓我們在法國感到賓至如歸，這讓我們的日常生活中不僅僅充滿陽光，還有來自人的溫暖。

至少，這是我們的經驗。顯然並不普遍，有些人不是難以置信，就是感到反感。他們指控我們過於樂觀，對小問題視而不見，故意無視普羅旺斯一貫的陰暗面。總是搬出這套充滿敵意的說詞，吐出不誠實、懶惰、偏執、貪婪和野蠻等詞彙，好像這些詞就是當地人的特徵一樣，而無辜、誠實、勤奮、沒有偏見、通常無可指責的外國人，似乎有生以來第一次接觸到這些特徵。

普羅旺斯當然也有騙子和偏執狂，就像其他地方一樣。但我們很幸運，在普羅旺斯遇到很好的人。我們永遠不會成為當地人，但我們會被歡迎，會感到快樂。這裡沒有遺憾，少有怨言，有諸多快樂。

謝謝你，普羅旺斯。

高寶書版集團
gobooks.com.tw

RR 028
戀戀山城：永遠的普羅旺斯【三十週年全新中譯本】
Toujours Provence
作　　者　彼得・梅爾（Peter Mayle）
譯　　者　陳思華
責任編輯　陳柔含
封面設計　林政嘉
內頁排版　賴姵均
企　　劃　鍾惠鈞

發 行 人　朱凱蕾
出　　版　英屬維京群島商高寶國際有限公司台灣分公司
　　　　　Global Group Holdings, Ltd.
地　　址　台北市內湖區洲子街 88 號 3 樓
網　　址　gobooks.com.tw
電　　話　(02) 27992788
電　　郵　readers@gobooks.com.tw（讀者服務部）
　　　　　pr@gobooks.com.tw（公關諮詢部）
傳　　真　出版部 (02) 27990909　行銷部 (02) 27993088
郵政劃撥　19394552
戶　　名　英屬維京群島商高寶國際有限公司台灣分公司
發　　行　英屬維京群島商高寶國際有限公司台灣分公司
初版日期：2023 年 08 月

國家圖書館出版品預行編目 (CIP) 資料

戀戀山城：永遠的普羅旺斯【三十週年全新中譯本】/ 彼得 . 梅爾 (Peter Mayle) 著；陳思華譯 . -- 初版 . -- 臺北市：英屬維京群島商高寶國際有限公司臺灣分公司，2023.08
　面；　公分 . -- (Retime; RR 028)

譯自：Toujours Provence

ISBN 978-986-361-792-1(平裝)

1.CST: 遊記 2.CST: 旅遊文學 3.CST: 法國普羅旺斯

742.89　　　　112010801